Roger Witters

Die Domina, die den Angeketteten im Folterkeller vergaß

Roger Witters

Die Domina, die den Angeketteten im Folterkeller vergaß

Die besten
Geschichten aus Europas
größtem Bordell

riva

Bibliografische Information der Deutschen Nationalbibliothek
Die Deutsche Nationalbibliothek verzeichnet diese Publikation in der Deutschen Nationalbibliografie; detaillierte bibliografische Daten sind im Internet über http://d-nb.de abrufbar.

Für Fragen und Anregungen:
witters@rivaverlag.de

1. Auflage 2014

© 2014 by riva Verlag, ein Imprint der Münchner Verlagsgruppe GmbH,
Nymphenburger Straße 86
D-80636 München
Tel.: 089 651285-0
Fax: 089 652096

Zum Schutz der Persönlichkeitsrechte wurden Personen- und Ortsnamen in diesem Buch geändert.

Umschlaggestaltung: Maria Wittek, München, unter Verwendung von iStockphoto
Autorenfoto: privat
Satz: Grafikstudio Foerster, Belgern
Druck: CPI – Ebner & Spiegel, Ulm
Printed in Germany

ISBN Print: 978-3-86883-220-4
ISBN E-Book (PDF): 978-3-86413-118-9
ISBN E-Book (EPUB, Mobi) 978-3-86413-117-2

Weitere Informationen zum Verlag finden Sie unter

www.rivaverlag.de

Beachten Sie auch unsere weiteren Verlage unter
www.muenchner-verlagsgruppe.de

Inhalt

Vorwort

Die Prostitution, das ist das älteste Gewerbe der Welt, mit dem sich schnell und leicht Geld verdienen lässt – so wird es oft allgemein und irrtümlich angenommen. Die in diesem Buch schonungslos geschilderten Geschichten aus dem Rotlichtmilieu zeichnen jedoch ein ganz anderes Bild. Mal sind sie lustig, mal krass, manchmal aber auch traurig – eben so, wie das Leben sie geschrieben hat. Erlebt, erzählt bekommen und zusammengetragen habe ich die Geschichten über die Jahre hinweg, in denen ich in den verschiedensten Laufhäusern, Clubs und Bordellen gearbeitet habe.

Seit einigen Jahren arbeite ich in Europas größtem Puff, dem Pascha in Köln sowie in der Pascha-Filiale in München. Daneben betreibe ich in Köln eine Eckkneipe. Im Pascha kümmere ich mich um alles und jede(n): um Probleme, Sorgen, Nöte und die Sicherheit der Damen. Dabei höre und sehe ich tagein, nachtaus die unglaublichsten Dinge.

Das Pascha Köln verfügt über eine Tabledance-Bar im Erdgeschoss (20 Euro Eintritt, alle Getränke inklusive), ein Laufhaus (5 Euro Eintritt fürs Kucken – der Rest ist Verhandlungssache) und über sieben weitere Etagen mit hundert Damen, wo Sex schon ab 30 Euro zu haben ist, außerdem einen Club in der elften Etage mit separatem Seiteneingang, wo es für 50 Euro alle Drinks umsonst und tabulosem Sex ab 60 Euro gibt. Das Pascha deckt damit fast alle Bereiche des käuflichen Sex ab.

Im Laufe der Zeit wurde ich in allen Bereichen des Hauses zur Aufsicht und zur Sicherung eingesetzt. So bekam ich einen sehr tiefen Einblick in die Abläufe der Prostitution. Mit meinen Kollegen und den Damen tauschte ich mich zwischendurch immer wieder aus, und oft lagen wir uns über den Geschichten, die wir erlebt hatten, vor Lachen in den Armen.

Einige meiner Freunde und Bekannten und natürlich die Gäste im Puff würden ihren langweiligen Job liebend gerne gegen meinen tauschen. In ihrer Vorstellung machen die Damen ihre Beine für einen wie mich auch mal umsonst breit, ich darf sie nacheinander wahllos rannehmen und dafür noch einen üppigen Lohn kassieren. Völliger Quatsch!

Wie sollen mich die Huren denn ernst nehmen, wenn sie gestern noch an meinem Schwanz gelutscht haben? Da tanzen sie heute ganz sicher nicht nach meiner Pfeife. Die Androhung von 5000 Euro Strafgeld durch den Chef tut sein Übriges und hält uns Festangestellte im Zölibat, denn fünf Mille ist kein noch so guter Fick Wert.

Das gleich mal vorweggenommen: Arschlöcher gibt es in und aus jedem Land der Erde, und leider tummeln sich im Puff ganz viele davon auf einem Haufen. Das ändert allerdings nichts an der Tatsache, dass mit ebendiesen Arschlöchern meist auch die lustigsten Geschichten passiert sind.

Prolog

Meine Eintrittskarte

Genervt hockte ich mit 15 Jahren im Wirtschaftsunterricht und lauschte der Lehrerin beim Versuch, uns das Rentensystem zu erklären. Ich sollte mich bis 65 krumm und bucklig arbeiten, und das bei einer Lebenserwartung von damals gerade mal 70,4 Jahren? Wer versprach mir denn, dass ich die 65 überhaupt erreichen würde? Bei diesen Aussichten beschloss ich, das Rentensystem zu revolutionieren und sofort in den Ruhestand zu gehen. Ohne Schulabschluss, ohne Berufsausbildung, und bei der Bundeswehr wollten sie mich nach neun Monaten auch nicht mehr sehen.

Als der Einberufungsbefehl kam, fühlte ich mich aus der Leichtigkeit des Seins gerissen. Jeden Morgen um fünf mit geputzten Schuhen zum Appell antreten – das brachte meinen Biorhythmus gewaltig durcheinander. Um diese Uhrzeit war ich doch sonst gerade erst nach Hause gekommen, meistens mit einem entzückenden weiblichen Wesen im Arm. Bis ich mich vom »Jetlag« erholt und meine Wehrdienstverweigerung auf den Tisch geknallt hatte, war es natürlich zu spät.

Ich wurde bei den Gebirgsjägern in einer Almhütte auf 2.000 Metern geparkt. Während die Soldaten auf dem Bergplateau ihre Übungen machten, ließen sich ihre Offiziere bei mir in der Hütte gegen Bares vollllaufen. Nach einigen Monaten in der Einöde wollte ich im Spielcasino des Kurortes, am Fuße des Berges, mein Glück auf die Probe stellen. Mit einer Leihgabe von 3.000 Mark aus der prall gefüllten Bundeswehrbierkasse machte ich mich auf ins Casino und räumte innerhalb von zwanzig Minuten 3.600 Mark ab. Das musste gefeiert werden! Und so landete ich mit meinen Kameraden im nahe gelegenen Dorfpuff. Ich legte der alten Puffmutter in ihrem kleinen baufälligen Hexenhäuschen 3.000 Mark auf die Theke und bat sie, uns rauszuschmeißen, wenn das Geld aufgebraucht war. Ihr war natürlich nicht entgangen, dass sich noch ein ganzer Batzen mehr Geld in meinen Taschen befand. Nach zwei Stunden schweißtreibender Bearbeitung der wohlgenährten Damen wollten wir das bayrische Freudenhaus verlassen, doch die Puffmutter verlangte mehr Kohle. Kurz entschlossen, den Bordellbetrieb in Kleinholz zu verwandeln, wurde mir zugleich bewusst, wie die Geschichte am nächsten Tag bis hin zum Kompaniechef vordringen würde.

Ich befreite mich mit einer weiteren Leihgabe aus der Bundeswehrkasse aus der Bredouille. Dank meines todsicher geglaubten Systems nahm ich an, den kleinen Verlust im Casino locker wieder ausgleichen zu können. Doch das Leben spielte nicht mit, und so ging der Schuss nach hinten los.

Innerhalb von nur dreißig Minuten war die komplette Bierkasse verzockt. Schwer angeschlagen, aber mit der letzten Hoffnung, beim nächsten Heimaturlaub die Kohle zusammenzukratzen und die Kasse unbemerkt wieder aufzufüllen, ging es zurück in die Kaserne.

Doch die Hoffnung zerplatzte jäh. Denn zwei Tage später, nach einem Manöver amerikanischer Soldaten, wurde nach alter Tradition ein riesiges Barbecue mit großem Lagerfeuer auf unserem Bergplatz abgehalten. Um diese gigantische Feuerstelle dauerhaft am Lodern zu halten, schütteten wir ständig Öl hinein. Als die Flammen außer Kontrolle gerieten, schlugen einige Kameraden mit Lappen auf die brennenden Holzscheite, dabei spritzten mir dummerweise heiße Öltropfen ins Auge und brannten mir kleine Löcher in die Hornhaut. Im Krankenhaus wurde mir unter Einfluss stärkster Schmerzmittel erklärt, dass ich für die nächsten Wochen keinen Dienst schieben dürfe und abgelöst werden müsse.

Eine Katastrophe! Bei der nächsten Inventur, die jeden Monat stattfand, wurde mein Vergehen natürlich sofort aufgedeckt. Kurze Zeit später fand ich mich in einem spärlich möblierten Raum wieder. Ich saß vor einem Pult, hinter dem sich fünf hohe Offiziere, einem Tribunal ähnlich, postiert hatten und mit Drohgebärden aus mir herausbekommen wollten, was mit dem Eigentum der Bundeswehr und des deutschen Staates geschehen war.

Immer noch zugedröhnt von den Schmerzmitteln, konnte ich dem Druck nicht lange standhalten, und ich gab zu, das Geld der Bundeswehr im Casino und im Puff verjubelt zu haben.

Stille lag über dem Raum, der sich plötzlich in eine Hinrichtungszelle verwandelt hatte. Das verhieß mir zumindest der Blick in die von Bergluft gegerbten Gesichter der Offiziere.

Erst nachdem eine Postüberweisung aus Köln meine Schulden getilgt hatte, durfte ich die Kaserne verlassen. Seitdem habe ich von dieser Institution glücklicherweise nie wieder etwas gehört.

Zurück in der Heimat, verfiel ich meiner großen Leidenschaft, dem Boxen. Sechsmal die Woche und zweimal am Tag trainierte ich in finsteren Kellerlöchern. Mit Gelegenheitsjobs und Maggeleien hielt ich mich über Wasser. Maggeleien sind bei uns in Köln kleine Schiebereien und Geschäfte zwischen zwei Parteien, die meist nicht ganz seriös sind.

Meine damalige Freundin arbeitete in einer Boutique, deren Besitzer ein richtig mieser Typ war. Die Einnahmen wurden jeden Abend von zwei Angestellten unbedacht in den Nachttresor der nächstgelegenen Bank eingeworfen. Da sich diese Prozedur ständig um die gleiche Uhrzeit auf die gleiche Art und Weise wiederholte, fühlte ich mich geradezu genötigt, den Geldboten um seine Beute zu erleichtern. Schließlich wollte ich meine Liebste bald nach Las Vegas entführen und heiraten. Meinen Sparringspartner, der genauso von Leicht- und Schwachsinn getrieben war wie ich, brauchte ich nicht lange zu überreden. An einem Samstagabend lauerten wir den Geldboten auf, und während ich ihnen maskiert die Kohle entriss, begann mein schwachköpfiger Kumpel plötzlich, mit Gas um sich zu sprühen. Und so wurde aus einfachem Diebstahl gleich »bewaffneter Raub«, vor dem Richter macht das einen Unterschied von drei Jahren Haft.

Nach drei Monaten U-Haft wieder in Freiheit, schwor ich mir, nie wieder im Knast zu landen. Nach ein paar siegreichen Boxkämpfen und der Aussicht, aus meinem Talent mehr rausholen zu können, besorgten mir meine Freunde aus dem Milieu einen Sponsor. So nannten die Kollegen meine nächste Freundin, eine Prostituierte, die mich mit einem monatlichen Geldbetrag unterstützte. Ein weiblicher, sehr gut gebauter Geldgeber. Es war eine knackige Südländerin, die sie mir auf den Schoß setzten und die mich mit diesen Worten begrüßte: »Ey, hör ma, ich bin dat Nora.«

Sie war meine Eintrittskarte in eine Welt voller Abgründe, voller absurder, bizarrer und auch humorvoller Geschichten.

Dank Nora hatte ich nun jeden Monat rund 10.000 Mark zum Verballern, da blieb mein Boxtraining auf der Strecke.

Auf die vielen Siege folgten nur noch Niederlagen. Übergewichtig und aufgedunsen, stand ich erneut am Scheideweg.

Ich entschied mich fürs Leben und fuhr mit meinen Jungs nach Las Vegas. Die besten Boxkämpfe hautnah! Und ein Paradies für Menschen mit primitiven Neigungen, wie wir sie hatten: Saufen, Ficken, Zocken. Nach einem unvergessenen WM-Kampf zwischen Axel Schulz und Goerge Foreman machten wir uns auf in die Wüste. Die »Chicken Ranch« – ein Bordell etwa 100 Kilometer von Las Vegas entfernt – war in unseren Träumen ein Garten Eden, gefüllt mit amazonenhaften Liebesdienerinnen, die unseren Wünschen und Gelüsten ergeben sein sollten. Stattdessen erwartete uns eine miese Absteige, von exotischen Sexbomben keine Spur. Die dicke Puffmutter im Haushaltskittel ließ ihre Mädels in durchsichtigen Negligés antanzen. Ihr hagerer Security-Mann rief uns zur Räson, als die Zuteilung der »Schönheiten« beinahe zu eskalieren drohte. Nach eindringlicher Ermahnung wurden wir vor die Wahl gestellt, das Etablissement sofort zu verlassen oder die Damen mit Anstand zu beglücken.

Ich bekam das Mauerblümchen. Mein Kumpel Ewald verzog sich mit der am meisten herausstechenden Schönheit auf ein Zimmer. Er hatte jedoch ein großes Handicap: Er sprach kaum ein Wort Englisch. Da wir uns vorher für die Boxveranstaltung angemessen in Schale geschmissen hatten und »Gianni Versace« in den Neunzigern der Chefausstatter der meisten Luden war, trug mein eitler Freund seinen Anzug mit Stolz.

Im Zimmer sprach das hübsche Ding ihn gleich auf etwas Entspannung an: »You wanna massage?« Sie blickte in sein nachdenkliches Gesicht und schmunzelte über seine fast schon poetische Antwort. Er griff an das Revers seines Jacketts, öffnete es und stammelte: »Oh yes, it's Versace.«

Wir hatten uns alle mit den Liebesdamen zurückgezogen auf die Zimmer und genossen den Akt der käuflichen Liebe, als wir durch lautes Schreien unserer Namen aufgeschreckt und im Liebesakt jäh gestoppt wurden. Wir sprangen fast alle gleichzeitig auf die Flure und eilten zu Ewalds Zimmer. Hier überraschte uns der Anblick unseres Freundes, der nackt und ausgestreckt auf der Matratze lag, mit den Händen über dem Kopf und mit Handschellen ans Bettgestell gefesselt.

Er jammerte uns vor, dass er sich, nachdem sie ihn hinterlistig geschickt gefesselt habe, nicht mehr auf den bevorstehenden Sex habe konzentrieren können und aus diesem Grund in völlige Panik verfallen sei. Übrigens nicht zuletzt deswegen, weil sein Jackett über dem Stuhl hing, in dem sich das gesamte Bargeld unserer üppigen Urlaubskasse befand.

Ich muss noch heute schmunzeln, wenn ich an die Reise mit den Jungs denke. Bei dem Las-Vegas-Trip lernten wir unsere Macken, Wünsche und Ängste so richtig kennen.

Zurück in good old Germany, bekam ich das Angebot, als Wirtschafter in einem Kölner Laufhaus zu arbeiten. Das ist der Teil des Puffs, in dem die Frauen, vor ihren angemieteten Zimmern auf Barhockern sitzend, auf die Freier warten. Ich sollte mich dort um die Sorgen und Nöte der Damen kümmern und aufmüpfige oder unverschämte Freier notfalls zurechtstutzen.

Da saß ich nun – in einem riesigen Bordell mit fast 100 Zimmern, elf Etagen, einer Tabledance-Bar sowie einem Club über den Dächern von Köln – und musste den

Damen ihre Tagesmiete für das Zimmer plus Pflichttipp, also Trinkgeld für ihre Sicherheit, abnehmen. Auf mehreren Stockwerken, in unterschiedlich gestalteten Gängen, saßen sie in sexy Dessous, Lack und Leder oder in biederer Hausfrauenkluft auf Hockern vor den Türen ihrer Zimmerchen, die sie nach persönlichen Vorlieben eingerichtet hatten und in denen sie für jeden Geschmack der Männerwelt ein ganz persönliches und individuelles Programm boten.

Die Regeln hier waren unmissverständlich. Wurde der Gast grob oder aggressiv, drückte die Liebesdienerin den Alarmknopf, und wir Wirtschafter stürmten das Zimmer, um den Aggro-Freier zu entfernen und auf die Straße zu setzen. Für ein angemessenes Trinkgeld von den Damen, versteht sich. Meine Sparstrümpfe quollen jeden Monat über, also raus mit dem Fett, die Wirtschaft der Welt ankurbeln. Ich investierte in dicke Autos, schicke Klamotten, exotische Fernreisen, viel Alkohol und rauschende Partys. Ein Leben auf der Überholspur, bei dem ich ein Vermögen verpulverte. Wenn ich von einer reichlich feuchtfröhlichen Reise zurückkam, lag schon der nächste Strumpf bereit, der geplündert werden wollte.

Seitdem habe ich in mehreren Laufhäusern und Clubs unzählige Geschichten erlebt: düstere, heitere, unglaubliche – und viele am Rande des »guten Geschmacks«. Eines haben sie alle gemeinsam: Sie sind wahr.

Die besten Geschichten aus Europas größtem Bordell

Was treibt Männer ins Bordell?

Fakt ist, dass das älteste Gewerbe der Welt jedes Jahr mehrere Milliarden Euro allein in Deutschland umsetzt. Manche Statistiken sprechen davon, dass jeden Tag etwa eine Million deutscher Männer zu einer Prostituierten gehen. Natürlich sind viele von diesen Männern in einer Beziehung oder sogar verheiratet. Warum also ist der Gang in den Puff so beliebt?

Ein wichtiger Grund für einen Besuch im Bordell ist natürlich der Reiz des Verbotenen. Ebenso erregend wirkt auf viele Männer die Vorstellung, dass sie Sex mit einer Fremden haben können, selbst wenn sie dafür bezahlen müssen. Noch dazu kann man sich als Freier sogar eine Frau ganz nach seinem Geschmack aussuchen.

Besonders bei Männern, die bereits seit vielen Jahren in einer Beziehung leben, gibt es einen weiteren Grund, der häufig angeführt wird: Wer mit einer Prostituierten Sex hat, ist wenigstens nicht untreu. Hier geht es schließlich allein um den Akt, Gefühle sind keinesfalls im Spiel, und schon nach kurzer Zeit kann der Mann wieder nach Hause gehen – die Prostituierte nimmt seiner Frau damit quasi nichts weg.

Grob gesagt, lassen sich Männer, die ins Bordell gehen, in fünf Kategorien unterteilen.

★ Der Mitläufer: Er zieht gemeinsam mit Freunden um die Häuser. In den allermeisten Fällen betrinken sich die Freunde gemeinsam, bevor sie schließlich im Puff landen. Hier will natürlich niemand Schwäche zeigen – stattdessen treten sie alle wie Machos auf und sprechen hinterher ausführlich von ihren Heldentaten.

* Der Single: Wer keine feste Freundin hat, bekommt im Bordell völlig unkomplizierten Sex. Anders als bei Dates muss die Frau nicht erst mühsam umworben werden. Statt Geschenke zu kaufen, muss der Freier lediglich für den Sex bezahlen.
* Der Ehemann: Er lebt schon seit langer Zeit in einer Beziehung, kann sich Fremdgehen eigentlich nicht vorstellen, will aber trotzdem seine sexuellen Fantasien ausleben.
* Der Plauderer: Er will eigentlich gar keinen Sex, stattdessen will er sich nur in aller Ruhe mit einer Frau unterhalten. Bei einer Prostituierten kann er sicher sein, dass er sich aussprechen kann und sie verschwiegen ist.
* Der Prominente: Im Bordell kann der Promi ganz diskret Sex haben, ohne befürchten zu müssen, dass die Frau (in diesem Fall die Prostituierte) mit Klatsch und Tratsch auf sich aufmerksam machen will. Bei Prostituierten herrscht Schweigepflicht, eine Art Schweigegelübde.

Ordnung muss sein ...

Nachdem man im Laufhaus des Pascha in Köln den Eingangsbereich passiert hat, gelangt man an eine hotelähnliche Rezeption, hinter deren Theke sich eine Schlüsselwand mit Hunderten von Fächern und Zimmerschlüsseln befindet. Auf dem Schreibtisch der Rezeption ist neben dem Computer eine Sprechanlage installiert. Die Ansagen sind bis in die entlegenste Ecke des riesigen Komplexes zu hören und erreichen somit die gesamte Belegschaft und alle Damen im Haus.

Eines Tages, gerade in dem Augenblick, als der Manager eine ebensolche Ansage an die Damen machen wollte (»Es wird Zeit, die Tagesmiete auszugleichen, meine Damen!«), stürmten diverse Angestellte des Ordnungsamtes in die engen Räumlichkeiten hinter der Rezeption. Sie forderten uns auf, ihnen unverzüglich Zugang zu den öffentlichen Bereichen zu gewähren, da sie überprüfen müssten, ob in unserem Bordell das Rauchverbot eingehalten werde.

Nachdem sich die Ordnungshüter in Begleitung einiger meiner Security-Kollegen zu einem Kontrollgang aufgemacht hatten, begann der Manager an der Rezeption mit einem der Jungs zu lästern. Den beiden missfiel das provokante Auftreten der Beamten, und sie verfielen in einen Gossenjargon, der selbst dem hartgesottenen Aufsichtspersonal die Schamesröte ins Gesicht trieb. Von Stasimethoden und asozialen Manieren bis hin zu Korruptionsvorwürfen war die Rede. Dabei lachten die beiden Kollegen über sich selbst und ihre schlechten Witze. Während sie versuchten, sich mit einer niederträchtigen Beleidigung nach der anderen gegenseitig zu übertrumpfen, war ihnen allerdings nicht bewusst, dass das gesamte Haus an ihrer angeregten Unterhaltung teilnahm und sie damit zur allgemeinen Belustigung beitrugen – abgesehen natürlich von den Beamten, die ebenfalls alles mithörten und wenig amüsiert über die öffentlichen Beleidigungen waren. Der Grund für die live übertragenen Schimpfkanonaden war einfach: Der Manager hatte nicht darauf geachtet, dass der ON/OFF-Schalter der Sprechanlage bereits auf ON stand, als die Beamten kurz vor seiner geplanten Ansage in die Rezeption gestürmt waren. Entsprechend groß waren die Häme und der Spott der Puffgäste und der Damen, die den Beamten auf den Gängen entgegenschlugen, gepaart mit sarkastischem Gelächter. Der Kontrollgang des Ordnungsamtes verwandelte sich in einen Spießrutenlauf.

Als die Beamten endlich wieder im Büro der Rezeption ankamen und ihren Peinigern gegenüberstanden, wurden die beiden Krawallbrüder plötzlich sehr leise. Was hinter verschlossenen Türen besprochen wurde, ist leider nie nach außen gedrungen. Bei zukünftigen Aktionen der Stadt Köln waren die Jungs jedenfalls merklich zurückhaltender.

Ein ungeschriebenes Gesetz

Von Zeit zu Zeit versuchen liebestolle Typen gegen ungeschriebene Puffgesetze zu verstoßen, von denen es unzählig viele zu beachten gilt: Auf »Bock Bock Bock« (= »Viel Geld, Glück und Gesundheit«) nicht »Danke!« sagen. Keine Kaffee- und keine Mittagspause vor dem ersten Handgeld, also vor dem ersten Freier. Wenn der Zimmerschlüssel runterfällt, dreimal drübersteigen. Kein Nähzeug im Puff.

Und natürlich keine »Gute Nacht« im Bordell wünschen, weil sonst vielleicht das Licht für immer ausgeht und der Schuppen dicht macht.

Die wichtigste Puffregel ist jedoch die folgende: Es gibt keinen Kredit für Freier, die ihr Pulver verschossen haben. Natürlich beachtet nicht jeder diese Regel – besonders dann nicht, wenn mit fantastischen Zinssätzen gelockt wird. Andreas – ein Geschäftsmann in den Vierzigern, immer adrett gekleidet, höfliches Auftreten – war ein Meister darin, den Angestellten bei uns im Haus in dieser Hinsicht den Kopf zu verdrehen. Sobald er an seine finanziellen Grenzen gestoßen und nicht mehr liquide war – schlauerweise kam er nie mit seiner Kreditkarte –, wandte er sich zunächst an die Manager, dann an die Security und die Kellner. Für 1000 Euro gab es 500 Euro Zinsen und seine goldene Rolex als Pfand. Sollte er in den folgenden drei Tagen nicht die volle Summe plus Zinsen abgedrückt haben, so könne der Kreditgeber das wertvolle Stück sein Eigen nennen. Ein ums andere Mal fand Andreas jemanden, der gegen die »Keinen Kredit für Freier«-Regel verstieß. Was bei dem üppigen Nebenverdienst auch nicht wirklich verwunderlich war. Immer wieder besuchte er unser Haus, und immer wieder überzog er sein selbst gestecktes Limit. Die Zinsen, der er dabei zahlte, hätten locker für die Anschaffung eines Mittelklassewagens gereicht, doch jedes Mal kam er pünktlich, um seine goldene Rolex auszulösen. Bis auf eine Ausnahme: Dummerweise zwang ihn eine spontane Dienstreise ins Ausland und ließ ihn eine Woche zu spät erscheinen. Das ganze Gejammer half nichts, die Frist war überzogen, die Uhr war weg, und Andreas wurde nach diesem Vorfall nie mehr in unserem Haus gesehen.

Auf einen Schlag ging den Damen die Kohle eines regelmäßigen Freiers ab – und den Kellnern, den Security-Leuten und den Managern fehlten ihre üppigen Zinseinnahmen. Und all das nur, weil einer gegen die ungeschriebenen Regeln und Gesetze im Puff verstoßen hatte.

Vibrator verzweifelt gesucht

Kurz nach Mitternacht kam einmal eine der Huren ziemlich aufgebracht aus dem Laufhaus an den Eingang gelaufen, baute sich vor uns Jungs auf, zeigte auf einen Mann, der gerade im Begriff war zu gehen, und erklärte ganz aufgeregt: »Dieser Freier hat meinen Vibrator geklaut und will ihn nicht mehr rausrücken.«

Normalerweise verlassen die Herren unser Etablissement anders. Aufrecht und gut gelaunt. Dieser hier bewegte sich etwas schüchtern und hielt sich leicht nach vorn gebeugt. Mahnend und mit ironisch bestimmter Härte forderte ich den vor uns geduckten und knallrot angelaufenen Typen auf, der Dame sofort ihr Werkzeug auszuhändigen: »Sie möchte ihren Vibrator wiederhaben – und zwar plötzlich!«

Mit zitternder Stimme versicherte der Freier, dass ein Diebstahl nicht ganz den Tatsachen entspreche. Er gäbe ja sehr gerne zurück, was ihr gehöre, doch der Gegenstand sei quasi von seinem Anus verschlungen worden und habe sich dort verkantet. Und nun habe er keinen direkten Zugriff mehr darauf. Das war in der Tat eine sehr verzwickte Situation, die wir nicht im Handumdrehen lösen konnten. Die Sache war sozusagen im Arsch.

Aber der Freier schien noch etwas auf dem Herzen zu haben. Peinlich berührt, wandte er sich hin und her und druckste herum. »Wo drückt der Schuh denn noch, Meister?«, fragte ich. Die Antwort kam prompt: »Das Ding ist immer noch in Betrieb.«

Manchmal steckt der Teufel eben nicht im Detail, sondern ganz woanders, und so blieb der Freier bei uns und wartete, bis die Batterien leer waren. Dann fuhr er ins Krankenhaus, um sich das gute Stück entfernen zu lassen.

Alarm im Freudenhaus

Es gibt so einige Originale unter den Huren. Eine nervte uns regelmäßig mit ihrem Geseiere. Anna, die mit unzähligen Schönheits-OPs vollgetunte Ostblockhure, machte uns Wirtschaftern immer wieder unmissverständlich klar, dass sie es nicht mit jedem treibe, da sie einen guten Ruf und Stil habe. Von Stil konnte man bei ihr durchaus sprechen, nur in welche Richtung der gehen sollte, wusste sie wohl selbst nicht.

Die meist in ein Abendkleid à la Audrey Hepburn Gehüllte und mit Samthandschuhen plus Zigarettenspitze Aufgedonnerte hatte ein rundes Vollmondgesicht und aufgespritzte Lippen so groß wie Bockwürste.

Eines ruhigen Abends saßen wir Wirtschafter alle gemütlich zusammen im Aufenthaltsraum, in dem wir uns trafen, wenn wir Pause machten, etwas aßen oder auch nur eine Zigarette rauchen wollten. Wir freuten uns gerade über ein paar Minuten Verschnaufpause, da löste Frau Bockwurstlippe in ihrem Zimmer Alarm aus. Ohne zu zögern, eilte ich zu ihrer Tür, trat ein und blickte auf einen muskulösen, monströsen, schwarz behaarten Rücken und einen ebenso behaarten, kräftigen Arsch zwischen den weit gespreizten, zur Decke gestreckten Schenkeln der Schönheit.

Der Kerl ließ seine massige Fleischpeitsche arbeiten: rein-raus-rein-raus-rein-raus. Dank der kräftigen Stöße des Silberrückens knallte der Bettrahmen ständig gegen den unmittelbar hinter dem Bett befestigten Alarmknopf. Ich versuchte es mit gutem Zureden: »Entschuldigung, bitte, könntet ihr darauf achten, nicht ständig auf den Alarmknopf zu drücken?« Keine Reaktion. Das Bett und der Typ knallten weiter. Ich wiederholte mich, wurde von dem Duo jedoch weiterhin ignoriert.

Nach mehrmaligen, immer lauter werdenden Aufforderungen, doch bitte darauf zu achten, keinen Alarm auszulösen, blickte ich in die nur noch weißen Augen von Audrey Hepburn und hörte ihr von Schmerz und Wollust getriebenes Gestöhne. Ich schritt zur Tat. Genervt und dennoch leicht schmunzelnd, zog ich am hinteren Bein der Schlachtplatte. Nun stand das Bett ein wenig mehr in der Mitte des Raumes, und ich konnte das Zimmer nahezu unbemerkt wieder verlassen. Problem gelöst? Leider nein. Schon wenige Minuten später musste ich erneut ins Schlachthaus einrücken, weil das verdammte Bett mit den beiden Tieren wieder gegen den Alarmknopf hämmerte. Dieses Mal ging ich auf Nummer sicher und zog das Bett fast bis auf den Flur.

Ein lukrativer Nebenjob

Am Eingang des Bordells stand ich mit ein paar Kollegen zusammen. Wir waren an diesem Abend wieder einmal für die Sicherheit zuständig, als unsere Männerrunde von einer Lustdame gestört wurde. »Hört mal, Jungs, ich habe da einen lukrativen Auftrag für euch.« Sie hatte nämlich einen Freier auf dem Zimmer, der gerne mal spüren würde, wie es ist, von einem der Securitys ein paar Ohrfeigen zu bekommen.

»Nee, lass mal!« Aus Bedenken, eine Lampe (also eine Anzeige bei der Polizei) einzufangen, winkten wir alle gemeinsam ab. Aber sie ließ nicht locker. Die Dame packte die 300 Euro für sechs Ohrfeigen aus und sagte: »Für jede weitere gibt's 'nen Fuffi obendrauf.«

Das war dann doch überzeugend. Ein Kollege mit einem Gardemaß von imposanten 1,98 Metern, Glatze und unzähligen Tattoos auf seinem durch intensives Training in allen gängigen Kampfsportarten gestählten Körper griff gierig zu: »Dann mal los.« Glatze und Lustdame machten sich auf den Weg. Im Zimmer angekommen, blickte er auf ein kleines Männlein herab: Brille, Vollbart, Bierbauch – Marke »wohlgenährter Familienvater«. Mutig und siegesgewiss, die Hiebe wegstecken zu können, nahm er die Brille ab und baute seine Hobbit-Figur vor dem Hünen auf. Glatze zögerte nicht lange. Erst mal nur zum Warmwerden verpasste er dem Männlein mit links aus der Hüfte eine schallende Backpfeife. Wie von einer Kanonenkugel getroffen, flog der Hobbit aufs Bett. Völlig benommen rappelte er sich wieder auf und nahm seine nächste Bombe in Empfang. Diesmal war es eine nicht weniger schallende Rechte – mit so viel Dampf dahinter, dass sie den Gartenzwerg gegen die Schrankwand knallen ließ. Total demoralisiert und dem Wachkoma nahe, winselte er um Abbruch.

Nach nur zwei Hieben dem Hobbit 200 Euro wieder zurückzuzahlen kam dem Hünen aber gar nicht in den Sinn. Mit den Worten »Du hast bezahlt, und du sollst auch bekommen, wofür du bezahlt hast!« half er dem Männlein auf die Beine, um ihm noch eine dritte krachende Ohrfeige zu verpassen. Ich kann das Echo heute noch hören.

Danach waren sich beide einig, dass es nun genug sei und mein Kollege das gesamte Geld auch ohne entsprechende Gegenleistung behalten könne.

Im Folterkeller vergessen

Ein mir durch ehemalige Kollegen gut bekanntes Münchner Etablissement mit einem speziellen SM-Zimmer wurde ab und an von einem prominenten Geschäftsmann gebucht, der edelste Lederwaren in einer der schicksten Einkaufsstraßen der bayerischen Landeshauptstadt verkaufte. Ein paar Flaschen Schampus und einige Linien Marschpulver später ließ sich der Businesstyp, mit einem Gummiball als Knebel, an ein Kreuz im SM-Zimmer ketten. Nach ein paar heftigen Hieben mit der Reiterpeitsche ging der mittlerweile gut angeschossenen Domina der Schampus aus. »Ich hol schnell Nachschub«, rief sie, entschwand und ließ den SM-Fan in freudiger Erwartung zurück.

An der Bar wurde sie jedoch von gut gelaunten Stammgästen in ein Gespräch verwickelt und auf mehrere Gläser Puffbrause eingeladen. Diverse Flaschen machten die Runde, bis die nun völlig besoffene Domina ihr Gefühl für Zeit und Raum gänzlich verloren hatte. Die außer Kontrolle geratene Gesellschaft war nicht mehr zu bremsen, und ihr gieriges Verlangen nach mehr ließ sie anderthalb Tage durch verrufene Münchner Gasthäuser ziehen.

Zwar funktionierte das Gedächtnis der Domina nicht mehr einwandfrei, glücklicherweise aber ihr Handy. Es war die Putzfrau aus dem Club, die wissen wollte, ob unsere Dame vielleicht etwas vergessen habe. Die immer noch unter Strom stehende Amazone kam ins Grübeln: »Mein Handy hab ich doch – meine Geldbörse und Handtasche ebenfalls. Hm, was könnte das denn sein?« Um ihr etwas auf die Sprünge zu helfen, bat die sympathische Putze die Domina: »Bring mir doch bitte die Schlüssel für die Handschellen, damit ich endlich den armen Kerl von der Wand abhängen kann!«

Ohne Worte

Von den Männern, die in einer festen Partnerschaft leben, gehen laut Puffstatistik 20 Prozent ab und zu, 10 Prozent sogar regelmäßig zu einer Prostituierten – natürlich ohne dass die Partnerin etwas davon weiß. Die Dunkelziffer liegt dabei wahrscheinlich sehr viel höher. Der Reiz des Verbotenen lockt die Männer in die Bordelle dieser Welt.

Der Puffbesuch dient für Männer in erster Linie der reinen Triebbefriedigung ohne tiefere Gefühle. Sie suchen Abwechslung und wollen sexuelle Fantasien ausleben, die sie zu Hause mit der Gattin oder Freundin nicht ausprobieren können.

So auch einer meiner besten Kumpels. Schon seit geraumer Zeit nervte er mich damit, dass er unbedingt einmal Sex mit einer Prostituierten haben wolle. Lange hatte er nicht den Mut gehabt, bei uns vorbeizukommen – bis er an einem Donnerstag im vergangenen Herbst urplötzlich vor mir stand und mich etwas verlegen anschaute. Er brauchte keine großen Worte mehr zu verlieren. Ich wusste Bescheid.

Schweigend und schmunzelnd fuhren wir gemeinsam in die elfte Etage des Puffs. Mein Kumpel wurde von Stockwerk zu Stockwerk nervöser. Mit einem kräftigen Ruck blieb der Lift stehen, die Tür öffnete sich, und er war endlich am Ziel seiner unerfüllten Träume. Im Club gingen wir direkt zur Theke, und mein Kumpel bestellte sich erst einmal einen kräftigen Wodka-Lemon. Während er mit seinem Mutmacher beschäftigt war, fuhr ich wieder runter, um weiterzuarbeiten. Unsere Mädels nahmen ihn schnell ins Visier. Sie waren wie immer nur sehr leicht bekleidet und sahen heute extrem erotisch aus. Das machte sich auch am Schwanz meines Kumpels bemerkbar, der immer praller wurde und schon eine kleine Beule in seiner Hose verursachte. Der Anblick geiler Titten, in sexy Outfits mehr ent- als verhüllt, machte ihn geil ohne Ende. Schon bald stellten sich ihm zwei Damen vor, in der Tat eine schärfer als die andere.

Er entschied sich schnell und ohne viele Worte zu verlieren für Larissa, eine rassige Schönheit aus Polen mit langen blonden Haaren und einer absoluten Traumfigur. Ihre Titten waren schön geformt und dennoch sehr natürlich. Kurz darauf begleitete sie ihn in eines der Zimmer. Die Stimmung zwischen Larissa und ihm war prickelnd. Da stand eine absolute Traumfrau, ihre weiblichen Kurven zeichneten sich wunderbar unter ihren Dessous ab ...

Doch schon nach wenigen Minuten hallte ein lauter Schrei durch die gesamte Etage, und alle Anwesenden rannten zum Zimmer meines Kumpels, um zu schauen, was los war. Da lag der geile Depp auf dem Bett und krümmte sich vor Schmerzen. Nach nur zwei heftigen Stößen hatte er sich vor lauter Erregung den Penis gebrochen. Premierenpech: Raus aus der Traumfrau, rein ins Krankenhaus.

Spielplatz für Erwachsene

Eines Nachts betrat ein mysteriöser Kunde das Bordell. Er war in einen schwarzen Umhang gehüllt und sah aus wie Christopher Lee in der Dracula-Verfilmung aus den 1950er-Jahren – mit pomadig glänzendem Haar, weiß geschminktem und stark gepudertem Gesicht sowie knirschenden Plastikvampirzähnen. Der Dracula-Verschnitt huschte über die Flure und entschied sich für eine Hure, für die er ebenfalls eine ausgefallene Kostümierung mitgebracht hatte: ein Kleid aus dem Mittelalter, eine Kluft, wie man sie nur noch im Theater oder in uralten Filmen sieht. Die Hure zog die aufwendige Bauernmagd-Kostümierung mit Pumpbluse, gestärkter Schürze und aufgeplustertem Reifrock an, und er scheuchte sie quer durch den Puff und spielte »Fangen« mit ihr. »Uuuuhuuuuhuu – uuuuhuuuuhuuuu, ich bin Graf Dracula und werde dich gleich aussaugen!« Die zarte Schönheit musste sich verschreckt zeigen, in die Ecken drücken und so lange mitspielen, bis er sie blutrünstig in den weißen Hals biss. Mit den Plastikzähnen, versteht sich! Die als Magd verkleidete Hure schrie kurz auf und entschwand mit einem Lächeln. Der Gast stöhnte laut. Ein gelungener Höhepunkt bei einem Rollenspiel ganz nach seinem blutrünstigen Geschmack.

Komm, wir gehen Gassi!

Eines Nachmittags schlenderte ich über die Gänge des Laufhauses und schaute nach dem Rechten, als sich ein älterer Freier auf allen vieren näherte, nackt bis auf eine schwarze enge Ledermaske, die er übers Gesicht gezogen hatte, und ein eng anliegendes Stahlband um seinen Hals. Das Stahlband hatte an der Innenseite spitze Nieten, die sich fest in seine Haut gegraben hatten. Er ließ sich wie ein Hund über den Flur ziehen, winselte und jaulte.

Die SM-Dame verpasste ihm ab und zu einen heftigen Arschtritt mit ihren glänzenden Leder-High-Heels, holte mit der schwarzen Fransen-Lederpeitsche aus und schlug ordentlich zu. »A-uuuuh ... A-uuuuh«, jaulte der Freier – er schien glücklich, befreit und erleichtert zu sein.

Die Erniedrigung ging aber noch weiter. Den anderen Damen, die, vor ihrer Tür auf Hockern sitzend, auf Freier warteten, musste er die Lackstiefel ablecken und an den Absätzen herumschnuppern wie ein streunender Köter.

Plötzlich machte er an meinen alten und ungeputzten Stiefeln halt. Das ging mir eindeutig zu weit. Mit einem Arschtritt brachte ich ihn zur Räson. Winselnd zog er ab – zum nächsten Paar Schuhe!

Nur nicht aus dem Konzept bringen lassen

Der Alarm aus Zimmer 213 schrillte an unserer Rezeption. Wir rannten den Gang entlang, stürmten das karg möblierte Zimmer und fanden auf der Matratze einen jungen, wild onanierenden Freier. Seine Pupillen weit geöffnet, die Bewegungen hektisch, die Sprache abgehackt. Seine (Freuden-)Zeit war bedauerlicherweise längst abgelaufen, aber er weigerte sich vehement, zu verlängern oder das vor Schweiß dampfende Freudenzimmer endlich zu verlassen. Viel lieber wälzte er sich weiter in den schmutzigen Laken, umfasste sein mächtiges Glied und rieb sich.

Hoch und runter – hoch und runter – hoch und runter. Immer und immer wieder. Wir wurden ungeduldig, schnauzten ihn an, damit aufzuhören und endlich zu gehen. »Moment noch, einen Moment noch!«, stöhnte und stammelte er laut vor sich hin. Dabei schien es ihn nicht im Geringsten zu stören, dass wir herbeigerufenen Wirtschafter und die Hure neben dem Bett standen und voller Verachtung auf ihn herabschauten. Er wichste einfach weiter.

Als sein Schwanz fast zu platzen drohte, packte einer der Sicherheitsjungs den Typen fest am Arm und schleuderte ihn quer durchs Zimmer in Richtung Tür. Da spritzte das Ejakulat des Freiers plötzlich wie eine hohe Fontäne durch den Raum und landete ausgerechnet auf der blank polierten Glatze eines der Securitys. Der schrie laut auf und ging angewidert und wutentbrannt auf den Freier los. Mit vereinten Kräften konnten wir unseren Kollegen gerade noch abhalten, seine Fäuste einzusetzen. Doch zum Dank haben wir uns den Freier geschnappt und ihn splitterfasernackt vor die Tür gesetzt.

Wie es euch gefällt

Wir haben in all unseren Etablissements eine aufmerksame Tür. Wenn ein Freier große Tüten oder gar Koffer mit anschleppt, kontrollieren wir sehr gründlich. Waffen- oder Drogenbesitz wird bei uns nicht geduldet und streng mit Hausverbot geahndet.

An einem schummrigen Abend stellte sich heraus, dass manch ein Freier noch ganz andere unglaubliche Dinge in seiner Tasche verstaut. Plötzlich stand ein hagerer Opi Ende siebzig vor uns, sein dunkelbraunes Gesicht war von tiefen Falten gezeichnet, seinen Kopf bedeckten nur noch einige fedrige weiße Flusen. Er wirkte ausgemergelt, in seinen zittrig wirkenden Händen hielt er eine geheimnisvolle Tasche fest umklammert. Wir durchsuchten diese am Eingang natürlich akribisch, doch von Drogen oder Waffen keine Spur. Dafür ertasteten unsere Hände etwas Weiches. »Alter, was hat der denn dabei? Sind das etwa Binden?«, fragte mich mein Kollege und legte seine Stirn in Falten. Was sich zunächst wie Schaum- oder Zellstoff anfühlte, entpuppte sich als eine Tüte voller Windeln! Mit großen Lettern stand »Für Erwachsene« auf der Packung. »Vielleicht ist er ja inkontinent«, sagten wir uns und kicherten.

Weit gefehlt! Denn die Windeln waren anscheinend Teil seines Liebesspiels. »Die brauche ich gleich noch«, ließ er uns wissen, als wäre es das Natürlichste der Welt, Windeln in einen Puff zu schleppen.

Wir hatten Verständnis und gaben oben Bescheid. Dort wartete bereits eine Dame, gut instruiert und vorbereitet auf das, was sie nun erwarten sollte. »Hier entlang, na komm schon, husch, husch«, befal sie dem Opi liebevoll.

Er folgte ihr brav aufs Zimmer, und dort geschah es. Er entledigte sich seines Anzugs, legte Hosen, Jackett, Hemd, Strümpfe und Schlüpfer fein säuberlich gefaltet auf den Stuhl und verwandelte sich in ein Kleinkind.

Die Hure legte ihm ordnungsgemäß die mitgebrachten Windeln an, gab ihm einen Klaps auf den Popo, legte ihn an die Brust, wo er hingebungsvoll zu saugen begann. Der alte Freier schmatzte genüsslich und versuchte zu schlürfen. Als ihm das nicht so recht gelang, nahm die Hure die vorbereitete Flasche mit warmer Milch und legte sie ihrem Babyopa zwischen die fordernden Lippen. Der saugte. Und saugte. Unersättlich. »Eiti-teiti-tei, brav!«, beruhigte ihn seine Hurenmama. Dann steckte sie ihm den Schnuller in den Mund und begann ihn, wie gewünscht, über den Flur des Laufhauses zu jagen. Der Opi gab kurze kindliche Schreie und nuschelnde Babylaute von sich und begann sogleich, die angelegten Windeln zu füllen, bis die braune Notdurft fast überquoll. Ein Rollenspiel, wie es ihm gefiel. Und ehrlich gesagt – nur ihm.

Top, die Wette gilt!

Das wäre doch mal wirklich eine ausgefallene Wette fürs Fernsehen. Einer unserer langjährigen Stammgäste, die sechzig bereits weit überschritten, lebte bei uns regelmäßig seine Neigungen aus. Eine halbe Stunde vor seiner Ankunft rief er an: »Die Mai, die Sabine und die Mina – sagt ihnen, sie sollen alle verschiedene Sorten Mineralwasser trinken. Ich bin gleich da.«

Sein Wunsch war ihnen Befehl, schließlich ist der Freier König. Erwartungsvoll mit roten Wangen trudelte der rüstige alte Herr einige Minuten später ein und konnte die Erfüllung seiner Wünsche kaum erwarten. Im Zimmer angekommen, legte er sich auf den Rücken und brachte sich genüsslich in Position. Er bebte vor Wollust. Mai, Sabine und Mina stellten sich über ihn, spreizten ihre Beine, lupften ihre Höschen und pissten ihm – eine nach der anderen – direkt in den offenen Mund, in dem sich bereits Speichel der Lust gesammelt hatte. »Ja, lasst es nur fließen, ihr Huren, gebt mir mehr von dem guten Zeug!« Warmer Natursekt floss dem alten Herrn die Kehle hinunter, und er schien gar nicht genug davon zu bekommen.

Top, die Wette gilt! Nach jeder einzelnen Dame erriet der Opa, welches Wasser sie zuvor getrunken hatte. Wetteinsatz jeweils 50 Euro. »Evian!«, schrie er lustvoll. Riet der Opi richtig, bekam er das Geld. Lag er falsch mit seinen Vermutungen, so musste er den Damen 50 Euro zustecken. »Apollinaris!« Richtig. »Volvic!« Wieder korrekt. Jedes Mal.

Seine Geschmacksknospen waren unfassbar gut geschult, denn jedes Mal hatte der Freier recht mit seiner Vermutung. Aber wetten, dass er davon nie etwas erfahren hat?! Schließlich wollten die Damen, dass er immer wieder kommt – es war ja auch leicht verdientes Geld.

Die Polizei – dein Freund und Helfer

Wie unterschiedlich die Polizei in den einzelnen Bundesländern durch- bzw. zugreift, bekam ich zu spüren, als ich meine Heimat Nordrhein-Westfalen für drei Jahre verließ und nach Bayern zog. In der bajuwarischen Landeshauptstadt ticken die Uhren anscheinend etwas anders.

In der Münchner Niederlassung des Pascha beschwerte sich ein Gast bei mir am Empfang. Nach zwei Stunden Action mit einer Dame im Poolzimmer rannte er wutschnaubend auf mich zu: »Der Service war absolut nicht zufriedenstellend, ich will meine Kohle zurück, auf der Stelle!« Er bestand auf die Geld-zurück-Garantie, mit der das Pascha Werbung macht – trotz vollbrachter Leistung der Dame. Ich belehrte ihn in höflichem Ton: »Du warst zwei Stunden oben, da kann es so schlecht nicht gewesen sein. Wenn ein Freier nach zehn, fünfzehn Minuten nach unten kommt, weil er findet, dass er nicht anständig befriedigt wurde, okay, dann geben wir ihm ja gern das gezahlte Geld zurück. In deinem Fall geht das aber nicht.«

Der Gast ballte die Fäuste, fuchtelte mit seinem Handy herum. »Das lasse ich mir nicht gefallen«, schrie er. Schulterzuckend beobachtete ich den Trottel dabei, wie er tatsächlich die Bullen anrief. Dummerweise hatte er wohl vergessen, dass er unübersehbar voll auf Drogen war: erweiterte Pupillen, rot unterlaufene Augen, hektisches Verhalten, in Wortfetzen um Fassung ringend, Speichelreste in den Mundwinkeln, wild gestikulierend. Das typische Bild eines Koksbruders.

Kurze Zeit später standen zwei Beamten vor uns, und der kleine drahtige Freier pöbelte gleich los: »Ey, sag dem mal, der soll mir mein Geld zurückgeben!«

Als die Polizisten nicht reagierten, ging er aggressiv auf sie zu und war auch ums Lügen nicht verlegen: »Die Security-Jungs haben mich geschlagen und zu Boden geworfen.« Und dann outete sich der ach so feine Herr als prominenter Anwalt, der sich bestens auskenne mit dem Gesetz. Ihn solle bloß keiner für dumm verkaufen. Derweil lief ihm das weiße Pulver wie Rotz aus der Nase. Dumm gelaufen!

Die Polizisten fackelten nicht lange, baten ihn, seine Taschen zu leeren und alles auf den Tisch zu legen. Urplötzlich wollte der Freier nichts mehr von einer Anzeige wissen: »Is ja gut, regt euch ab, ist doch alles halb so wild!«

Die Polizistin, eine bildschöne und gut gebaute Blondine, ließ sich nicht verarschen und wollte umgehend den Inhalt seiner Taschen auf dem Tisch sehen. Weißes Pulver, so weit das Auge blickte. Kokain, das nun aus fünf kleinen Tütchen hinauswehte. Sie machte kurzen Prozess, legte dem Herrn Anwalt eiserne Handschellen an und führte ihn ab aufs Revier. Zumindest brauchte er beim Prozess keinen rechtlichen Beistand.

Ein Bad im Schokobrunnen

Das Penthouse unseres Kölner Etablissements Pascha erstreckt sich über zwei Etagen – ein top durchgestylter Club, bei dem man an mir vorbeimuss, um reinzukommen. Der Club ist nur über den Lift erreichbar und verfügt über eine gemütliche Bar, an der die Gäste die Damen treffen, mit denen sie sich in die Lounge, auf eines der Zimmer oder auf die Dachterrasse zurückziehen können. Die Damen aus der elften Etage bieten einen Topservice, bei dem Blasen ohne Gummi genauso Standard ist wie Französisch beidseitig und Stellungswechsel inklusive Küssen und Schmusen.

In einem der Zimmer – exklusiv ausgestattet mit Whirlpool, diversen Spiegeln und Spielwiesen auf unterschiedlichen Ebenen für die perfekte Orgie – geschah schier Unglaubliches.

An die Rezeption im Erdgeschoss trat ein modisch durchgestylter südländischer Typ und äußerte die Absicht, sich über den Club zu informieren. »Was geht 'n da so ab, und was kostet das?« Nachdem ihm das ansprechende Angebot präsentiert wurde, »60 Euro Eintritt, alle Getränke inklusive, alles andere kostet extra«, und seine Körperflüssigkeiten bereits zu brodeln begannen, ließ er sich zu einem Testbesuch überreden – nicht ohne mehrmals seine osmanische Herkunft zu betonen. Wie stolz er doch sei und wie viel Wert er auf sein Äußeres lege, inklusive edelster Markenklamotten und getönter Porschebrille, die er selbst in unseren abgedunkelten Räumen nicht abnehmen wollte.

Oben angekommen, inspizierte er erst einmal die plüschigen Räumlichkeiten, im Hintergrund schmetterte Roland Kaiser »Santa Maria«. Ob die heilige Maria das gutheißen würde? Mister Osman ließ sich an der Bar nieder, ausgerechnet neben »Schabau Jenni«. Schabau ist Kölsch und heißt »Schnaps«, und davon hatte Jenni regelmäßig große Mengen intus. Ihre Tage im Puff waren gezählt, und deshalb packte sie die Gelegenheit beim Schopfe, also den Freier beim Schwanze, und machte ihrem Spitznamen wieder einmal alle Ehre. Sie roch aus jeder einzelnen Pore nach billigem Fusel, lallte und torkelte. Es ist fraglich, ob sie sich an diesem Abend noch an ihren Namen erinnern konnte. »Isch mach's dir, komm her, du geiler Hengst!«

Einige Flaschen Schampus und viele Kurze später verwandelte sich das anfängliche Fremdeln zwischen dem Freier und Jenni in frivole Verbrüderung. Zuerst sangen sie eher laut als richtig zur Barmucke mit, dann tauschten sie die Kleider. Auf einem Barhocker der stolze Osmane mit nacktem, stark behaartem Oberkörper, Jennis BH auf dem Kopf, und zwischen seinen Beinen die Auserwählte, die nicht mal mehr gerade stehen konnte. Jenni schwankte blankgezogen hin und her, die Hände zur Decke gestreckt, während er die Nippel ihrer schlaffen Hängetitten drehte, als suche er nach einem passenden Song im Radio. »Ah ah ah ah ... du bist so heiß wie ein Vulkan. Tanze Samba mit mir ...« Aus dem Sambakurs wurde dann aber doch nichts, denn plötzlich vergnügte sich der Freier an der mitten im Raum stehenden Stange und weihte Jenni in die Geheimnisse des orientalischen Bauchtanzes ein. Seine massige Körpermitte bewegte sich schwabbelnd mehr oder weniger im Takt. Seine Auserwählte konnte dagegen kaum noch geradeaus schauen – 2,5 Promille hätte sie locker geblasen. »Das machst du guuuut«, lallte sie und feuerte ihren Freier weiter an.

Bevor die Situation zu eskalieren drohte, nahte Rettung. Die Bardame forderte die beiden Betrunkenen zum Akt im Nebenzimmer auf und begleitete sie auf die riesige Spielwiese, eingerahmt von imposanten Spiegeln, die das Treiben aus allen Blickwinkeln zeigten. Mit einem kuscheligen Kissen im Rücken lehnte der potente Osmane seinen dicht behaarten Oberkörper gegen einen der Spiegel, während sich die total besoffene Schabau-Jenni mit ihrem nicht mehr taufrischen Körper zwischen seine Beine schlängelte und an seinem halbschlaffen, skalpierten Sucuk herumkaute. Sie schmatzte und verdrehte die Augen, längst war sie nicht mehr Herrin ihrer Sinne.

Immer wieder hatte sie im Laufe des Abends erwähnt, dass sie wohl irgendetwas Schlechtes gegessen haben müsse, das ihr auf den Magen geschlagen sei. Mit ihrem extremen Alkoholkonsum habe das nichts zu tun. Als der Pflock halbwegs stand, befahl der Freier Jenni, nun endlich Platz zu nehmen und sich sein Ding anal einzuführen: »Dreh dich um, ich will dein hässliches Gesicht nicht sehen!« Jenni befolgte brav seine Forderungen und hämmerte ihre gewaltigen Backen immer wieder auf und nieder gegen seine verschwitzten Oberschenkel. Es klatschte und platschte.

Nach einigen Minuten wurde es Jenni schwindelig, und die grummelnden Laute aus ihrem Magen-Darm-Trakt waren nicht zu überhören. Sie verdrehte ihre Augen und kippte bewusstlos vorne über, der Schwanz flutschte aus ihrem Loch, und dann geschah das Unfassbare. Eine riesige braune Fontäne schoss aus ihrem After, ergoss sich über den gesamten Oberkörper des Freiers und bedeckte sein erstarrtes Gesicht, inklusive der edlen Designerbrille. Auch die Spiegel wurden in Mitleidenschaft gezogen. Der Freier hätte seinen Mund lieber geschlossen halten sollen. Denn auch dort landete ein Schwall. Geschockt sprang er auf, schreiend und jammernd, sein Körper starr vor Ekel. Die Arme nach vorne gestreckt, schaute er angewidert an sich herab, während die Bardame, durch die Schreie aufgeschreckt, in den Raum stürmte und nicht wusste, ob sie vor Lachen zusammenbrechen oder sich vor Ekel übergeben sollte. »Was ist denn hier passiert?« Sie entschied zu helfen, holte Putzeimer und Lappen, wischte über den Boden und die Wände, zog die Laken und die Bettdecke ab.

Aber die Wunde, die dem stolzen Osmanen zugefügt worden war, saß weitaus tiefer und war selbst mit kochend heißem Wasser nicht auszuwaschen. Noch im Aufzug jammerte er, seiner Männlichkeit beraubt worden zu sein, während sich braune Tropfen von seiner nun nicht mehr glänzenden Brille abseilten und zu Boden fielen. Neben ihm die mittlerweile wieder zu sich gekommene Jenni, nur in ein Handtuch gehüllt, voller Scham um Körperkontakt zu anderen Mitfahrenden flehend. Doch jeder der Liftnutzer schubste sie aus Ekel von sich.

Hätten sie sich diese Aktion doch lieber erspart, denn plötzlich lösten sich die letzten Tropfen aus ihrem Anus und ergossen sich über die Schuhe des Sicherheitsmannes. So sah das Pascha gleich zwei Menschen an einem Abend zum letzten Mal: den geschändeten Osmanen und eine in die Jahre gekommene Schnapsdrossel.

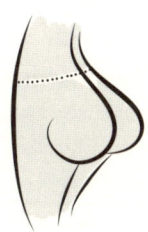

Tatütata – das SEK ist da!

Wie schlagkräftig die Polizei sein kann, bekam ich in meiner Münchner Zeit zu spüren. Während der inoffiziellen Eröffnungsfeier eines kleinen Clubablegers im Münchner Osten versammelten sich vierzig kräftige Jungs des Sondereinsatzkommandos (SEK), um mit einer Razzia zu zeigen, wer in der Stadt das Sagen hatte. In seiner Rede witzelte der Chef des Bordells über die Massen an Behelmten vor der Tür, die wohl gleich den Laden stürmen und die munteren Anwesenden, darunter viele Prominente aus Sport, Politik und Wirtschaft, festnehmen würden.

Aus Spaß wurde bitterer Ernst. Denn im gleichen Moment lief ein kleines Männlein in einer befremdlich wirkenden Uniform – Overall mit Vollvisierhelm und einer maschinenpistolenähnlichen Waffe in seiner Hand – durch den Raum und rief mit einer Piepsstimme: »Razzia, Hände hoch!« Wie ein Derwisch preschte der Mini-Speedy durch den rappelvollen Puff und schnauzte jeden an, der seine Anweisung nicht schnell genug befolgt hatte.

Ich war völlig begeistert von dieser wahnsinnig komischen Idee, sich einen Kleindarsteller zu engagieren, der die Gäste ein wenig auf den Arm nimmt und dabei doch so todernst wirkt. Schmunzelnd und Applaus klatschend, hatte ich nun seine geschätzte Aufmerksamkeit geweckt. »Du bist gut, echt gut und jeden einzelnen Cent wert!«, prustete ich, begeistert von seiner Darbietung, und hielt mir den Bauch vor Lachen.

Ich konnte gar nicht so schnell gucken, wie sich der komische Kleine nun aufblies, groß vor mir aufbaute und schrie: »Hände hoch, sofort!« Mir liefen die Tränen das

Gesicht hinunter. Doch das Lachen sollte mir sehr schnell vergehen. Speedy schlug mit seinem Handschuh zu, und ein kleiner Klaps landete auf meiner Wange, ohne wirklich wehzutun.

Zu viel für mich, der Komiker war zu weit gegangen. Ich stand auf, baute mich meinerseits vor ihm auf, griff nach seinem Kragen und wollte ihn für eine Züchtigung auf den Tisch werfen, als urplötzlich hinter ihm seine Freunde und Helfer in Uniform und voller SEK-Montur den Raum stürmten. Für eine Showeinlage waren das eindeutig zu viele Statisten. Nun hatte auch ich begriffen, was hier abging, und hielt schwer beeindruckt die Luft an. Züchtig hob ich die Hände und setzte mich zu meinen Kollegen.

Lange Zeit hockten wir herum, ohne uns bewegen zu dürfen. Nachdem die Beamten alle Personalien aufgenommen hatten, war das »Schauspiel« beendet. Sie zogen sich wieder zurück.

Hätte ich doch die Klappe gehalten

Samstags vor einem Bundesligaspiel lieh ich mir in München einen Firmenwagen aus unserer Salzburger Filiale. Eine fette S-Klasse 600 mit einem österreichischen Nummernschild, auf das gegen Gebühr sogar unser Namenszug graviert worden war. Natürlich stand dick und fett »Pascha« drauf, und so cruiste ich bei schönstem Sonnenschein locker mit dem heißen Schlitten durch die Münchner City, bis ich plötzlich einem Pferdetransporter der Polizei versehentlich die Vorfahrt nahm. Grimmig schaute mich der

Fahrer an und wanderte mit seinem Blick über den gesamten Wagen bis zum Nummernschild, das leider nicht mehr da war. Irgendein Souvenirjäger hatte sich das Teil wohl abgeschraubt.

Der bayerische Schmierpitz in Uniform winkte mich mit seiner roten Kelle zum Straßenrand. Als der Bulle aus dem Pferdetransporter sprang, stand ich wortlos da und musste mich zusammenreißen, nicht auf der Stelle loszuprusten und vor Lachen umzufallen, so lächerlich sah er aus mit seiner schlaksigen Figur, den langen Zotteln, seinem Mongolenschnäuzer, dem kurzem Hemd und einer Reiterpumphose, die unter seinen Knien in eng anliegenden Reiterstiefeln verschwand.

Ich konnte mein Grinsen kaum unterdrücken, riss mich aber am Riemen. »Ausstaaaign – auf der Stelln!«, befahl er in tiefstem Bayrisch. Ich verstand nicht und fragte, ob er auch Deutsch spreche. Das war zu viel!

Drei Stunden nahmen die Herren Gesetzeshüter meinen Wagen aus fadenscheinigen Gründen auseinander. Zunächst montierten sie beide Stoßstangen ab, bauten Sitze und Türen aus und rissen danach den Ersatzreifen und den Verbandskasten aus dem Kofferraum. Sie suchten in meinem Schlitten angeblich nach geschmuggelten Waffen. Vergeblich. Dann waren es Drogen, die sie in jedem kleinsten Schlitz der Karosserie vermuteten. Vergeblich. Als sie nichts, aber auch rein gar nichts Auffälliges finden und auf die Schnelle auch nichts mehr abmontieren konnten, gaben sie mir höflich die Papiere zurück und wünschten mir in gepflegtem Hochdeutsch »eine gute Fahrt«.

Ich bebte, denn nun durfte ich den ganzen Dreck selbst wieder zusammenbauen. Jede einzelne Schraube, jeden einzelnen Gegenstand zurück an seine Stelle stecken und die Sitze wieder einbauen. Hätten sie mal gleich Deutsch gesprochen. Die ganze Show wäre mir erspart geblieben.

Vier Stunden Pool mit Jack – Frauen überflüssig

Eines ungemütlichen Herbstnachmittags – es stürmte und regnete – suchte ein wahrer Bilderbuchpenner Schutz in unseren wohlig warmen Räumlichkeiten. Irgendwie amüsierte er uns in seinem Bundeswehr-Parka mit dem selbst gestrickten blauen Pullover, der trotz Übergröße über dem dicken Bierbauch spannte, und einer versifften Russenmütze auf dem Kopf. Das Outfit wurde komplettiert durch verdreckte Hosen und dunkle Socken mit ganz vielen Löchern in abgewetzten Sandalen.

Höflich bat er um Einlass, hatte er doch gehört, dass alle Getränke, ob mit oder ohne Alkohol, gratis seien. Die 60 Euro Eintritt hatte er überhört. Wo kam er nur her? Irgendwie hatte er eine sympathische Ausstrahlung, seine vom Alkohol aufgedunsenen Pausbäckchen strahlten apfelrot. Ich erklärte ihm die Modalitäten: 60 Euro Eintritt plus 100 Euro für eine halbe Stunde mit einer Frau seiner Wahl.

Ich glaubte, nicht richtig zu sehen: Wenige Sekunden später kramte der Penner mit seinen dreckigen Fingern ein Portemonnaie hervor und öffnete es. Nur ein einziger Cent befand sich in der Geldbörse. »Hmm, das wird wohl eng«, meinte ich.

Nachdenklich mit Säuferblick schaute er durch mich hindurch, noch immer wankend fummelte er dann aber drei Fünfziger aus seiner Hosentasche und fragte: »Habt ihr 'n Pool?«

Verwundert und überrascht gab ich ihm Antwort: »Ja, wir haben einen Pool, aber den vermieten wir nur stundenweise für 240 Euro pro Frau und Stunde.« In der Hoffnung, ihn mit diesen Worten abgeschreckt zu haben, wandte ich mich ab. Doch der Penner schaute weiterhin starr durch mich hindurch, kramte erneut in seiner Hosentasche, holte ein dickes Bündel Fünfziger hervor, zählte brav zwanzig Scheine ab und legte sie mir auf die Theke mit den Worten: »Vier Stunden Pool, aber ohne Weiber!«

»Aber Meister, die sind im Preis inklusive. Es muss dir doch jemand den Rücken schrubben!« Der vermeintliche Penner winkte ab, er wolle einzig und allein sein Bad im Pool genießen. Nur Jack durfte mit. Der gute alte Jack Daniels.

Voodoo oder Drogenwahn

Bei dem massenhaften Getümmel und Gelümmel am Wochenende springt einem nicht jeder Kunde ins Auge. So auch an einem sehr gut laufenden Samstagabend, als uns ein eher unscheinbarer Gast besuchte: etwa 45 Jahre alt, klein und hager, ein echter Normalo eben. Nur durch seine ausgeprägt höfliche Art fiel er auf: »Würden Sie mir bitte diesen 500-Euro-Schein klein machen?«, fragte er und entschwand mit vielen kleinen Scheinen ins Laufhaus.

Kurze Zeit später ertönte das Alarmsignal aus einem der Zimmer. Wir checkten die Lage und entdeckten einige Damen afrikanischer Herkunft, wie sie mit vereinten Kräften die Tür des Alarmzimmers zuhielten. »Hinter dieser Tür ist das Böse, ganz bestimmt«, erklärte eine mit zitternder Stimme und großer Angst in ihren abergläubischen Augen. »Ja, etwas Dämonisches«, pflichtete ihr eine andere bei.

»Zur Seite, macht den Weg frei, na los!«, befahl mein Kollege und schob langsam die Türe auf, bis er auf Widerstand stieß. Im Weg waren die Hände und der Schädel des Typen, der eben noch höflich an der Rezeption seinen großen Schein hatte wechseln lassen. Nun jaulte er mit übergroßen Pupillen und quietschender Stimme vor sich hin:»Jajajaja!« Plötzlich, verschwand er im hinteren Bereich des Zimmers und sprang – bis auf seine weißen Socken splitterfasernackt – auf dem Bett auf und nieder. Dabei versuchte er, irre, wie er war, immer wieder Gegenstände in seinem Nacken zu befestigen.

Auf welchen Drogen der wohl war? Einer meiner Kollegen versicherte der Zentrale über die Funke, wir hätten alles im Griff und benötigten keine Unterstützung. Dann forderte er den Nackten unmissverständlich auf, sich anzukleiden, seine Vorstellung sei nun endgültig vorüber. Der Durchgeknallte antwortete erneut mit seinem hellen Gejaule – »Jajajaja!« –, während er versuchte, die Ladestation eines iPhones in seinen Nacken zu klemmen.

»Hey, du, es reicht!« Der Sicherheitsmann, von uns nur »Der Barde« genannt, weil er aus Schottland stammte und ständig irgendwelche Lieder sang, wenn er sich unbeobachtet fühlte, klatschte ihm eine. Die saftige Ohrfeige sollte den außer Kontrolle geratenen Freier zur Räson bringen. Doch selbst die Wucht des Schlages, die den Gast gegen die Heizung knallen ließ, hielt ihn nicht davon ab, weiterhin wie eine wild gewordene Springmaus durchs Zimmer zu jagen – »Jajajaja!« –, ohne dass wir eine Chance bekamen, ihn zu packen. »Wir könnten hier oben nun doch etwas Hilfe gebrauchen«, schrie der Barde in die Funke. Keine Minute später stand »der Lang« in der Tür. Ein imposanter Kerl mit einem Gardemaß von fast zwei Metern.

Als der Lang das Chaos im Zimmer sah und mittendrin das zierliche Persönchen, das dafür verantwortlich sein sollte, sagte er: »Ja, sache mal, Barde, krischste das hier heute noch geregelt? Weg da, ab jetzt übernehme ich!« Er fackelte nicht lange: »So, Feierabend, anziehen und ab nach unten!« Mister Durchgeknallt erwiderte nur: »Jajajaja!«

»Siehste, Barde, so jeht dat!« Der Lang hatte diesen Satz noch nicht einmal vollendet, da schnappte sich der Freier eine volle 1,5-Liter-Flasche Wasser, holte aus und rammte sich den Flaschenhals in seinen Hintern. Total schockiert von dieser respektlosen Geste, hämmerte der Lang dem Vogel auf den Hinterkopf, bis dieser zu Boden fiel.

In dem Verwirrten müssen dadurch unglaubliche Kräfte freigesetzt worden sein, denn in Windeseile sprang er wieder auf und krallte sich an Langs Gürtel fest. Und wieder schrie er staccato: »Jajajaja!« Selbst der starke Lang hatte keine Chance, den Griff zu lösen, so glitschig war der verrückte Freier, eingeölt vom Scheitel bis zur Fußsohle. Was auch immer dieser Kerl eingeworfen hatte – und ich gehe mal von harten Drogen aus –, es verlieh dem Fliegengewicht übermenschliche Kräfte. Er hatte mit bloßen Händen die Steckdosen aus der Wand gerissen, die komplette Toilettenschüssel zertrümmert, den großen Holzschrank umgehauen und zu Kleinholz verarbeitet. Nichts in diesem Zimmer stand oder hing mehr an seinem angestammten Platz. Alle Gegenstände waren mehr oder weniger zerkleinert, nur die Anwesenden blieben unversehrt. In keiner Situation versuchte der Durchgeknallte, jemanden zu verletzen oder anzugreifen.

Plötzlich ertönte der angewiderte Aufschrei des Langen: »Hilfe! Der versucht sich an mir zu reiben!« »Jajajaja!« Der Barde und der Lang versuchten mit vereinten Kräften, den Eingeölten von Langs Gürtel wegzubekommen. Mittlerweile stand auch der Sicherheitschef im Raum und verfolgte kopfschüttelnd das muntere Treiben.

Dann nahte endlich Rettung – die herbeigerufenen Sanitäter eilten in den Raum und verpassten dem Verrückten eine Beruhigungsspritze. Die Sanitäterin ersparte sich das Chaos und ließ ihrem männlichen Kollegen den Vortritt. Laute Klatschgeräusche klangen aus dem Badezimmer, in dem nun der Sanitäter mit beiden Knien auf dem Brustkorb des Freiers hockte und ihm abwechselnd rechts und links eine watschte. Einzige Reaktion: »Jajajaja!« Der Typ war nicht zu bändigen, alle waren mit ihrem Latein am Ende. Etwas Stärkeres musste her.

Die Sanitäter diskutierten noch, als sich das Wesen vom anderen Stern plötzlich im Türrahmen des Bades aufbaute, ein Glätteisen für die Haare schnappte und in den Nacken schob. Erstmals war eine echte Gefühlsregung aus seinen immer wiederkehrenden Worten herauszuhören: »Jaaajaajaaajaaa!«, wimmerte er erlöst. Schließlich hing das Eisen noch am Strom und glühte.

Und dann war sie endlich da, die Polizei: »Ab jetzt übernehmen wir!« Die Tür fiel ins Schloss. Dahinter ein lautes Knallen und Krachen. Als wir die Tür wieder aufstießen, fanden wir die Polizisten wie ausgelutscht links und rechts neben dem Bett liegen, die Mützen schief in ihren erstarrten Gesichtern.

Das Spektakel nahm dann endlich ein jähes Ende, als ein weiterer Sanitäter mit einem speziellen Spritzenmix auf den Wahnsinnigen losging und ihm das starke Betäubungsmittel in den zappeligen Balsch jagte. Es schien ihm inzwischen egal zu sein, wo das Ding den Irren traf. Das Zaubermittel zeigte sofort seine Wirkung, der durchgedrehte Vogel sackte in sich zusammen, wurde auf eine Trage gelegt, fixiert und mit einem Knebel im Mund abtransportiert.

Aufatmen!

Alle Beteiligten verließen mit gesenkten Häuptern und ohne Kommentar das Schlachtfeld.

Schnapp, schnapp – weggeschnappt!

Der Bordellbetrieb läuft 24/7, daher arbeiten die Angestellten abwechselnd in zwei Zwölf-Stunden-Schichten, sieben Tage am Stück und haben danach eine Woche frei.

Da tagsüber weitaus weniger Betriebsamkeit herrscht als in der Nacht, wird man in der »Frühschicht« oft von Langeweile gequält und sucht sich Ersatzbeschäftigungen bzw. -befriedigungen. Der eine löst Kreuzworträtsel, der andere spielt Karten. Kalle, mein Kollege an der Tür, unterhielt sogar mal einen kleinen Gemüsegarten auf einem

Mauervorsprung gleich hinter dem Parkplatz. Seine Frau, die im Laufhaus in einem Zimmer nach hinten raus arbeitete, hatte von ihrem Fenster aus einen recht guten Blick auf den Gemüsegarten. Und so konnte sie beobachten, wie ein Kerl auf dem Parkplatz herumlungerte.

Wie ein Gauner, der etwas ausgefressen hatte, schlich er über den Parkplatz, schaute ständig verdächtig um sich, holte sein Portemonnaie hervor und legte schließlich einen Haufen Geld unter den größten Stein im Gemüsegarten. Dann betrat er mit einigen abgezählten Scheinchen unser Haus. Es blieb genug Zeit für die gnädige Frau, ihren Mann von der Beobachtung zu erzählen und ihn zu bitten, den Typen direkt zu ihr zu führen.

Tatsächlich führte Kalle den Willigen auch gleich ins Zimmer seiner Frau, seiner »Empfehlung des Tages«. Die bemühte sich natürlich, den Freier so lange zu beschäftigen, wie es nötig war, um den Stein von der Kohle zu befreien. 6000 Euro hatte der Freier gebunkert. Der Schnapper hatte sich gelohnt! Kalles Frau nahm sich den Rest der Woche frei und ging mit der fetten Beute shoppen!

Der Freier schaute dumm aus der Wäsche, als er sein Geld nicht mehr finden konnte. Er machte allerdings keinen Aufstand. Aber wir mussten natürlich Kalle und seine Frau feuern, als sie später mit ihrem Garten-Coup herumprahlten.

Morgens Uni – abends Puff

Fast gleichzeitig kamen zwei ganz süße Mädels zu mir an die Rezeption und erkundigten sich, wie die Zimmervermietung bei uns um Haus funktioniere. Ich erklärte ihnen das Prozedere und die Regeln. Dann führte ich sie herum und machte mir Kopien von ihren Papieren, zum Schluss fragte ich, was ich in solchen Fällen immer frage: Wo sie denn her seien, wieso sie unbedingt bei uns arbeiten wollten, ob sie schon Erfahrung in dem Bereich hätten und so weiter und so fort.

Die eine erklärte mir, wo in der Branche sie bereits aktiv gewesen war, wie viel sie in der Regel verdiente und was bei ihr so auf dem Programm stand: Neben dem, was üblicherweise von den Freiern gewünscht wird, bot sie auch noch ein paar »Extras« an. Das hörte sich nicht schlecht an, und so gab ich ihr einen Termin beim Chef, denn der entscheidet am Ende, wer bei uns arbeitet, also ein Zimmer bekommt, und wer nicht.

Das andere Mädel stand die ganze Zeit mit großen Augen und offenem Mund daneben und lauschte unserem Gespräch, bis ich sie ansprach und nach ihrer Story fragte.

Sie schaute mich an und meinte nur kurz und knapp: »Ich studiere BWL und suche einen Job während der Semesterferien.« Ich fragte, ob sie wirklich begriffen habe, worüber ich mich gerade mit dem anderen Mädel unterhalten hatte. Sie antwortete kurz und trocken mit »Ja!« und schob gleich eine Frage hinterher: »Wann kann ich anfangen?«

Die süße BWL-Studentin fing tatsächlich eine Woche später bei uns an, genauso wie das andere Mädel. Einige Zeit später fragte ich die Studentin, wie sie denn eigentlich auf diesen Job gekommen sei. Und wieder kam es kurz und trocken: »Bumsen ist halt mein Hobby!« Schon seit einigen Semestern finanzierte sie sich ihr Studium durch Sexarbeit. »Ich habe mich freiwillig dafür entschieden und habe es noch keinen Tag bereut.«

Warum sie es machte? Geld. Ihre Eltern konnten sie finanziell nicht unterstützen, das BAföG reichte bei den überall steigenden Preisen vorne und hinten nicht. Also arbeitete sie an zwei bis drei Tagen in der Woche im Puff. In manchen Monaten nahm sie schätzungsweise das Zehnfache von dem ein, was Vater Staat den Studenten gibt, und oft verdiente sie sogar mehr als ihre Eltern in ihren regulären Spießerjobs. Die wussten natürlich von nichts. Keiner ahnte etwas von ihrem »Hobby«.

Zu entscheiden, was sie will und was nicht – das war für die kleine Studentin mit dem süßen Schlafzimmerblick zu Beginn ihrer Nebenjobkarriere gar nicht so leicht. Sie wusste nicht, was auf sie zukam, hatte sich einfach auf eine Anzeige gemeldet.

Doch an ihrem ersten Abend ging sie gleich mit einem stadtbekannten Freier aufs Zimmer – und damit war das Eis schnell gebrochen. »Klar hat mich das Überwindung gekostet. Aber es war auch eine gewisse Neugierde da, und es hat Spaß gemacht.«

Nach einigen Wochen pendelte sich ihr Arbeitsalltag auch bei uns im Haus ein. Die kleine Studentin machte ihren Job wirklich gut und war bei Freiern und Kolleginnen sehr beliebt. Sie gewann Stammkunden, zu denen nach wie vor auch ihr erster Freier zählte, für das Zimmer zahlte sie Miete, und auch nach den Semesterferien blieb sie bei uns, denn die Arbeitszeiten ließen sich gut mit Vorlesungen und Seminaren vereinbaren. Alles im grünen Bereich.

Prostitution als Nebenjob? Für viele Studentinnen und sicher auf für manche Studenten ist das kein Tabuthema mehr. Zumindest besagt das eine Umfrage, die ich letztens per Zufall in der Zeitung gefunden habe. Demnach kann sich jede(r) Dritte vorstellen, das Studium durch Strippen, Escort-Service oder klassisch in Bordellen oder Clubs zu finanzieren. Die Sexarbeit verliert ihr Schmuddelimage mehr und mehr. Gerade junge Leute gehen lockerer und unaufgeregter mit dem Thema um. Tagsüber in die Bibliothek, nachts ins Bordell – das ist nicht mehr utopisch, sondern Realität. Frei nach dem Motto: »Jeder kann sein Hobby zum Beruf machen!«

Pass bloß auf deine Rolex auf!

An einem heißen Sommertag herrschte auf unserer gemütlichen Dachterrasse munteres Treiben. Das Motto der coolen Party lautete: »Pauschal 100 Euro Eintritt, ein Orgasmus sowie Essen und Trinken inklusive«. Sechzig Freier kamen, aber nur fünfzehn Damen waren anwesend. Ein kleiner Engpass entstand, denn mit so einem Zulauf hatten wir nicht gerechnet.

Es ging heiß her auf der Terrasse. Ein Typ jedoch wurde langsam ungeduldig. Auch er wollte auf seine Kosten kommen und seine 100 Euro voll ausnutzen. Auf der Suche nach seinen beiden Kumpels schlich er sich ins Poolzimmer, wo diese bereits mit zwei Damen mächtig beschäftigt waren. Eine der Damen befriedigte einen seiner Kumpel oral. Das wiederum heizte den ungeduldigen Freier extrem an. Er näherte sich der Dame raffiniert und unbemerkt von hinten, schlich langsam in den Pool, steckte die Hand ins Wasser und einen Finger in ihr kleines enges Loch. Die Dame drehte sich erschrocken um und schrie: »Ey, Vorsicht, dass kostet extra!« Doch der Zaungast meinte nur cool: »Macht nichts, meine Rolex ist wasserdicht.«

Tausche Hartz IV gegen 'nen Hunni die Stunde

In meiner Kölner Eckkneipe, die ich mit meiner Frau nebenbei betreibe, saß regelmäßig eine Dame am Tresen, die die vierzig längst hinter sich gelassen hatte, was man ihrem attraktiven Erscheinungsbild jedoch nicht ohne Weiteres ansah. Sie war dunkelblond, sportlich, durchtrainiert und lauschte oft den Gesprächen, die ich mit meinen Kumpels führte.

Wir redeten ausgelassen und ohne ein Blatt vor dem Mund zu nehmen über unsere Puffstorys. Ihre Ohren wurden zwar immer länger, ihre Augen immer größer, aber sie ließ uns auch ihre Verachtung spüren, schüttelte angeekelt ihren hübschen Kopf: »Wie kann man Frauen nur auf so schäbige und respektlose Art ausbeuten? Die armen Ladys!

Das macht doch keine Einzige freiwillig!« Sie erzählte uns, wie irre stolz sie darauf sei, niemals die Seiten gewechselt und im Puff gearbeitet zu haben. Obwohl das Geld so manches Mal recht knapp gewesen sei. Sie verkehrte schon seit vielen Jahren in der City, schien so ein richtiges Partyluder zu sein und liebte das Nachtleben. Aber mit der Hurerei wollte sie nie und nimmer etwas zu tun haben – bis mein Kollege eines Tages ausschweifend erzählte, wie viele Tausend Euro frau auf die Schnelle verdienen könne. Da wurde sie blass, zögerte keine Sekunde und schob sofort ihre Telefonnummer rüber: »Bitte ruf mich an! Ich will das mal versuchen, hab keinen Bock mehr auf Hartz IV. Wenn da echt so viel Kohle zu machen ist …«

Plötzlich wurde ihr bewusst, dass hundert Euro die Stunde netto auf die Kralle ein Drittel der Kohle waren, die ihr vom Staat pro Monat zugeschossen wurden.

Vier Wochen hielt die 49-jährige Schönheit, die fortan keinen Tag älter als 39 sein wollte, durch. Sie probierte alles mit den Freiern aus, arbeitete Doppelschichten und ließ keinen Euro liegen. Doch schon nach einem Monat ward sie nie mehr gesehen.

Sooo leicht ist die Kohle im horizontalen Gewerbe dann doch nicht verdient!

320 gegen 65 Kilo

Im siebten Stock, unserer extrem beliebten Transen-Abteilung, ging es immer heiß her. Die transsexuellen Luder, halb Mann, halb Frau, machten alles mit, waren gnadenlos hemmungslos. Erschüttern konnte die rein gar nichts.

An einem Sonntagnachmittag schnappten sich zwei heftig übergewichtige Transsexuelle – jede(r) brachte locker 160 Kilo auf die Waage – total besoffen den mickrigsten Jüngling, der an diesem Tag im Puff unterwegs war. Sie schleppten sich mit dem Fliegengewicht aufs Zimmer und wollten gerade über ihn herfallen, als eine der superfetten Transen lallte: »Ich muss noch mal runter, hab im Tabledance was vergessen.«

Auf dem Weg nach unten fiel ihr ein, dass sie vergessen hatte, den Schlüssel des Zimmers mitzunehmen. Und gerade, als sie uns Jungs bat, ihr die Türe aufzuschließen, drang ein lautes Krachen aus dem Zimmer. Ich schloss die Pforte der Lust auf und sah, dass das Bett nur noch auf zwei wackeligen Füßen stand. Der ganze Boden bebte unter unseren Füßen. Eingequetscht zwischen den Trümmern des Lustlagers, lag der fette Koloss mit dem Jüngling. Der Mega-Wams nur mit einem rosafarbenen Negligé bekleidet, und der Jüngling splitterfasernackt.

Wir standen in der Tür, doch das schien die zwei Schwerstarbeiter nicht im Geringsten zu stören. Das Schauspiel nahm seinen Lauf. Der Jüngling holte aus, rammte sein Gehänge mächtig und schwungvoll in den massigen Koloss hinein und hämmerte wie eine Nähmaschine drauflos. Die Transe brummte tief wie ein großer, starker, wohlgenährter Bär: »Ja, fick mich!« Die andere Transe war heiß wie ein Stier und begann bei dem Schauspiel mitzumischen, dieses Spektakel wollte sie sich nicht entgehen lassen.

Wir verließen das Set der Lust umgehend. Stundenlang vergnügten sich der Freier und die Transen zu dritt. Ich möchte gar nicht mehr dran denken, doch leider haben sich diese Bilder für alle Ewigkeit in meinem Kopf eingebrannt.

Gammelfleischalarm

Wie in jedem guten Puff gibt es auch bei uns ein »Glory Hole«. Hier herrschen folgende Regeln: Der Freier steht in einem kleinen Vorraum vor einer verschlossenen Tür, die zu einem dunklen Raum führt. In der Tür sind drei Löcher auf verschiedenen Höhen ausgesägt, in drei unterschiedlichen Größen – für Zwergen und Riesen, für kleine und große Schwänze. Über den Löchern, etwa auf Augenhöhe eines durchschnittlichen Mannes, ist ein Monitor angebracht, auf dem Pornos laufen. Und während sich der Freier von den Filmchen animieren lässt, steckt er seinen Schwanz durch eine der Öffnungen und lässt sich von der unbekannten Person auf der anderen Seite der Tür befriedigen.

Unser Glory Hole ist unter den Angestellten ein begehrtes Plätzchen. 20 Euro extra machen, so ganz nebenbei, in drei bis fünf Minuten, netto auf die Hand – dagegen hat kaum eine etwas einzuwenden. »Der Hausmeister hat heute frei«, heißt es bei uns im Scherz, wenn der Raum mal nicht besetzt ist. Schließlich müssen ja auch flinke Handwerker mal einen freien Tag haben. Und wer will da schon wissen, welche Hände gerade über den Luststab gleiten und welche Münder munter draufloslutschen?

Eine Hure war mal besonders pfiffig. Sie hatte sich gegenüber im Supermarkt zwei Putenschnitzel gekauft, und jedes Mal, wenn ein Gast seinen Lümmel durch die Öffnung schob, rotzte sie auf das stramme Fleisch und holte ihm mit dem glitschig rohen Geflügelstück einen runter – die Fleischpeitsche feste zwischen die Fleischlappen gespannt.

Nach jeder »Blasaktion« wurde das rohe Stück Fleisch mit lauwarmem Wasser abgewaschen und auf die Heizung gelegt. Über viele Tage hinweg benutzte sie dasselbe Stück, bis die Putzfrau vom unangenehmen Geruch angeekelt war und Alarm schlug. Das Fleisch war mittlerweile grau, ausgedörrt und gammelig.

Noch mehr Geschichten aus dem »Glory Hole«

Die einen machen es freiwillig, andere landen vollkommen ungewollt und überraschend im Raum mit dem Glory Hole. So stand die Sekretärin unseres Kölner Etablissements kurz vor der Kündigung und wurde von ihrem Chef aus Spaß vor die Wahl gestellt: »Sofort gehen oder zwei Tage in die ›Kammer des Schreckens‹!« Diese Bewährungsprobe wollte die unansehnliche Tippse nicht ungenutzt verstreichen lassen, sie stiefelte auf direktem Weg in das Zimmer und lutschte sofort am gleichen Tag munter drauflos. Recht gut sogar – wie mir zugetragen wurde!

Der Chef hatte ein Nachsehen, sie durfte bleiben und besserte fortan ihr Gehalt ab und zu auf hinter der Türe im dunklen Kämmerchen. Häkelte nebenbei Söckchen für ihre Enkelkinder oder löste Kreuzworträtsel, während sie auf die Freier wartete. Schlaff, stehen, spritzen, der Nächste bitte! Wer sonst verdient so schnell ein paar Euro extra?

Ein Punk arbeitete ganz freiwillig in unserer speziellen Dunkelkammer. Im Alltag studierte er Mathematik, er wollte sich ein paar Scheine dazuverdienen und war vermutlich schwul. Mit Irokesenfrisur trat er seinen Dienst an, machte es sich bequem, rückte den Hocker zurecht, und los ging's. Die Schwänze wurden durchgesteckt, er legte Hand oder Mund an, rubbelte drauflos und besorgte es den nichts Ahnenden hervorragend. Nicht selten gab es ein Extra-Trinkgeld durchs anonyme Loch.

Einmal hatte der Glory-Hole-Punk einen ganz besonderen Einsatz: Einer meiner Jungs wollte einem Geschäftspartner eine kräftige Abreibung verpassen. Wir erzählten, dass eine bildhübsche blonde Polin hinter der Türe sitze und den perfekten Blowjob draufhabe. Mein Kumpel lud seinen »Freund« ein und zahlte die 20 Euro. An der Rezeption war nur lautes Gelächter zu hören, als der rot glühend Befriedigte wieder herauskam. »Die Kleine hat es echt drauf, ich will das noch mal«, verkündete er, ließ sich weitere 20 Euro geben – und kam erneut auf seine Kosten.

Als er ein paar Minuten später mit uns an der Bar stand, kam auch der Glory-Hole-Punk dazu: »Na, hat es dir gefallen?«, fragte er neugierig, auf ein fettes Lob hoffend. »Ich mach's dir auch gern noch mal!«

Völlig entsetzt verließ der Freier den Puff. Geschäfte mit meinem Kumpel hat er danach nie wieder gemacht.

Möge die Ausdauerndste gewinnen

Damit ein Etablissement auch im Gespräch bleibt, muss die Geschäftsleitung sich immer wieder etwas Neues einfallen lassen. Und so ließen wir groß in der Lokalpresse ankündigen: »Blascontest im Pascha«.

Der Wettbewerb war hart unter den Damen, denn es galt wieder einmal den Weltrekord zu brechen. Jede wollte natürlich die Beste und Ausdauerndste sein. Unter dem Motto »Wer bläst die meisten Schwänze weg?« war der Andrang auch diesmal riesengroß. Der Weltrekord lag mal bei 123, und eine Dame wollte ihn unbedingt brechen.

Blasen umsonst und drinnen! Bezahlen mussten die geilen Kerle nichts, nur warten mussten sie. Lange warten. 900 Männer stellten sich geduldig in die Schlange, erpicht darauf, das Etablissement möglichst bald erleichtert zu verlassen. Die Unersättliche gab ihr Bestes, rieb, blies, rubbelte. Nach 89 Schwänzen fiel sie um. Bewusstlos. Ab ins Sauerstoffzelt!

Einige Monate später wollte sie es erneut wissen. Und es gelang ihr. Sie brach ihren eigenen Rekord und blies diesmal insgesamt 140 Schwänze bis zur Ejakulation – innerhalb von elf Stunden! Manche mit, manche ohne Aufnahme des Spermas in den Mund – das blieb ihr überlassen. Ebenso, wie viel sie von dem unbekannten Sperma schluckte. Fazit: neuer Rekord, diesmal ohne Sauerstoffmaske, aber mit bester Presse und häufiger Mundspülung.

Meuterei im Laufhaus

»Umsonst ficken und 50 Euro obendrauf!« – so lautete der Lockruf. Schon Tage zuvor kündigte die einschlägige Presse die großartige Werbeaktion unseres Kölner Freudenhauses an. Und so drängten sich am Stichtag fast 1000 Männer geil und gierig ins Laufhaus, um unsere zwei auserwählten Damen zu beglücken. Lüsterne Freier, so weit das Auge reichte – bis zur sechsten Etage war das Treppenhaus komplett vollgestopft mit Typen, die sich mit kostenlosem Sex 50 Euro verdienen wollten. Einige Gäste waren sogar einen Tag zuvor angereist, mit Rucksack und Wanderschuhen. Als würden sie zu einem Konzert pilgern oder einen Berg besteigen. »Wir wollten sicher sein, noch einen Platz zu ergattern!«, erzählten sie freimütig und ahnten nicht, wie viele Hürden es noch zu nehmen galt.

Der Zahlmeister postierte sich vor den Zimmern, ein riesiges Bündel Fünfziger in der Hand. »Abspritzen und dann noch 50 Euro bar auf die Hand? Das lasse ich mir doch nicht entgehen«, gab ein Holländer mit niedlichem Akzent offenherzig zu.

Einer nach dem anderen ließen sich die Männer auf die Zimmer bringen, durch eine Schleuse gelangten sie in die Räumlichkeiten der Liebe. »Hereinspaziert, hereinspaziert«, hallte es durch die Gänge, als würden hinter der Pforte Pferde durch eine Zirkusarena traben und Clowns ihre Spielchen treiben. Jeder Einzelne wollte an diesem Tag seine Männlichkeit unter Beweis stellen, doch nicht alle kamen dazu. »Ich kann nicht mehr!«, jauchzte die eine Hure und brach vollkommen entkräftet nach 69 Männern zusammen. Die andere schaffte immerhin 80 Freier, dann hieß es auch bei ihr: »Schluss! Aufhören, ich breche ab!«

Die restlichen rund 800 Typen wollten sich aber auch befriedigt wissen und gingen auf die Barrikaden. Meuterei im Treppenhaus: »Hey, wir wollen auch!« – »Sauerei! Das machen wir nicht mit!« – »Versprochen ist versprochen!« – »Wir bestehen auf unserem Recht!«. Um die aggressiven Freier zu besänftigen und zu verhindern, dass sie das Haus auseinandernahmen, bekamen alle freien Eintritt ins Tabledance und konnten sich dort unbegrenzt vergnügen. Ein wirksames Trostpflaster. Wir hatten vorerst unsere Ruhe, doch schon nach kurzer Zeit war im Laufhaus wieder die Hölle los, und die Huren hatten an diesem Tag noch Hochkonjunktur.

Den Rest hab ich einfach
nur verprasst ...

In den exquisiten Club unseres Kölner Etablissements verirrte sich eine Zeit lang der kluge, aber durchgeknallte Redakteur einer Kölner Lokalzeitung. Seine Mutter war einige Wochen zuvor verstorben. Ihr Haus hatte er verkauft, und nun war er dabei, den gesamten Erlös in unserem Puff zu verjubeln. Dabei hatte es ihn erwischt, er war in eines der Mädchen verknallt – und das war leider sein Untergang! Fortan bestand er bei jedem Besuch darauf, nur von ihr bedient zu werden. Die Dame seines Verlangens willigte ein. Und obwohl sie wusste, dass sie keinen Kontakt außerhalb der professionellen Spielstätte pflegen durfte, begann sie, ihn auch privat regelmäßig zu treffen und mit System auszunehmen.

Schnell kam der Tag, an dem er alles verjubelt hatte und blank bis auf die Unterhose war. Durch die Herumhurerei hatte er nicht nur die Kohle, sondern auch Job und Freunde verloren. Wimmernd bettelte er um Einlass. Wir hatten Erbarmen und ließen ihn herein. Schließlich war er immer ein solventer und treuer Kunde gewesen, der hier für viele Extrabehandlungen sowie für Schampus, Poolsessions und für die Frau seiner Träume Tausende von Euro gelassen hatte. Wir beschlossen, dass er noch einmal seinen Spaß haben sollte, auf unsere Kosten, und schickten ihn mit dem Fahrstuhl hoch in die elfte Etage.

Einige Stunden später begannen wir, uns Sorgen zu machen, denn er war im gesamten Haus nicht mehr aufzufinden. Mithilfe der Kameras, die die öffentlichen Bereiche wie Flure und Bars im Auge behalten, konnte ich ihn endlich aufspüren. In Tränen aufgelöst, stand er auf der Dachterrasse, hoch oben auf einer Leiter. Er wollte auf ein Gerüst klettern, das für Fassadenarbeiten aufgestellt war, um sich von dort aus in die Tiefe zu stürzen.

»Ich springe, ich springe! Das Leben hat doch keinen Sinn mehr!«, schluchzte er laut. Ich eilte herbei, redete beruhigend auf ihn ein und überzeugte ihn, von seinem Vorhaben Abstand zu nehmen. So gelang es mir, den Suizid im letzten Moment zu verhindern. Als der Lokaljournalist sich dann nach einigen Wochen bei mir meldete und erzählte, er habe einen neuen Job gefunden, freute ich mich für ihn. Nach dem verhinderten Selbstmord hatte er in die Realität zurückgefunden und sein Liebesleben wieder in den Griff bekommen. Die angehimmelte Hure musste gehen, da sie sich auch privat mit ihm getroffen und damit die Regeln des Hauses gebrochen hatte.

Zwei lustige Gefährten

Es war einmal ein Vater-Sohn-Gespann, das sich, lustig pfeifend, mit Rucksäcken bepackt, von der Vordereifel auf den Weg in eine große Stadt namens Köln machte. Nach der schweren, langen Reise fanden die beiden den Weg zu uns ins Pascha. Man kann guten Gewissens und ohne jede Übertreibung sagen: Die zwei, die da unser Haus betraten, sahen reichlich kauzig aus! Sie hatten schiefe Gesichtszüge, die Augen viel zu nah an den Ohren, der Mund schräg, die Nase zu schmal für die breiten Gesichter. Da war garantiert Inzucht im Spiel. Der Vater Anfang 40, der Sohn Anfang 20. Quasimodo und sein Nachfahre.

»Ein Zimmer und eine Frau«, forderten sie. Sie zahlten anständig, und wir ließen sie ziehen. Doch nach einer halben Stunde kam Quasimodo wutentbrannt zu uns gerannt, beschwerte sich lautstark und wollte sein Geld zurück. Er sei zwar gekommen, das Ejakulat hatte er über seinen Sohn und die Hure verteilt – aber seine eigene Brut habe den »Genuss des Abspritzens« noch nicht erfahren.

Wir hatten Verständnis – für den Sohn. Wer möchte schon das Sperma seines eigenen Vaters auf der Haut spüren?! Aber Geschäft ist Geschäft, und wir ließen uns nicht belabern. Die zwei Inzuchtgeschädigten konnten nicht plausibel nachweisen, dass die Dame an der Pleite schuld war und nicht – wie so oft – der Freier, etwa weil er zu besoffen ist oder impotent oder einfach keinen hochbekommen hat.

Pech gehabt! Und so zog das dubiose Duo wieder von dannen, zurück in die Vordereifel. Und wenn sie nicht gestorben sind, dann vögeln sie noch heute.

Wandfarbe: blutrot

Dank Büchern wie »Shades of Grey« hat die Sadomaso-Welt eine Art Renaissance erlebt. Daher gehörte ein entsprechender »Folterkeller« auch bei uns im Kölner Haus zur Grundausstattung. Unsere SM-Ladys, die in hautengen Lack- und Lederkostümierungen ihre Freier zum Glühen brachten, hantierten in einem speziellen SM-Zimmer mit zahlreichen Knebeln, Fesseln und Werkzeugen, die auf Fensterbänken lagen und an Wänden hingen. Es gab Lack- und Lederpeitschen, Dildos von Zahnstocher- bis Unterarmdicke, kleine Käfige, Streckbänke, Daumenschrauben oder Drähte für Stromstöße. Den perversen Neigungen schienen hier keine Grenzen gesetzt, für mich sah es eher aus wie bei einer Inquisition. Dabei waren die SM-Ladys außerhalb ihrer vier Wände eher verschlossen und beschränkten sich meistens auf Andeutungen.

»Wat da so abgeht, dat liegt außerhalb deiner Vorstellungskraft!«, sagte mir mal die Chefdomina unseres Hauses, und nachdem sie mir folgende Geschichte erzählt hatte, musste ich ihr recht geben: Ein uns gut bekannter Freier – ein erfolgreicher Geschäftsmann mit vielen Angestellten und gepflegtem Auftreten – wirkte auf mich immer wie der typische nette Nachbar. Jetzt erfuhr ich, was unter der gepflegten Oberfläche verborgen lag: Er war von der Brust bis zu den Fußsohlen gepierct. Hatte sich Hunderte von Löchern in den Körper stechen lassen, um Ringe und Nadeln in allen Größen daran zu befestigen. Kein Schmerz konnte ihm groß genug sein. Als ihn die Chefdomina zum ersten Mal nackt sah, staunte selbst sie nicht schlecht: Auch sein Schwanz war von der Eichel bis zum Hodensack mit Gewichten behangen.

Da kam auch die Sadomaso-Queen an ihre Grenzen. Wie sollte sie diesem Extremisten noch mehr Schmerzen zuführen? Schließlich schoss ihr doch noch eine geniale Idee durchs kluge Köpfchen: Ran ans Stromgerät mit dem unersättlichen Freier! Den Kasten drehte sie bis zum Anschlag auf, bis sein Körper heftig zuckte und vibrierte. Doch das war ihm noch immer nicht genug. Er wollte mehr. Mehr Schmerz – intensiver, härter, extremer.

»Nicht so zaghaft, gib's mir richtig!« Unsere SM-Lady war mit ihrem Latein fast am Ende, da griff sie kurzerhand zum Messer und ritzte sanft in seinen Schwanz. Mit Sagrotan desinfiziert, die Stromklemmen dran, und auf ging's. Aber selbst das verschaffte dem SM-Kunden nicht die erwünschte Befriedigung.

Die Domina lief nun zu Hochform auf, kein Weg zu lang, keine Idee zu abwegig. Sie verließ kurzfristig das Zimmer mit dem festen Versprechen, gleich mit dem ultimativen Kick wiederzukehren.

Der Hausmeister sollte ihr Verbündeter werden. Sie kramte in seiner Werkzeugkiste, holte ein paar Nägel und einen Hammer und überraschte selbst den scheinbar Schmerzunempfindlichen. Keine Sekunde länger wartend, nagelte sie seinen Hodensack auf den Tisch und hämmerte ihm Nägel in die Harnröhre.

Für einen kurzen Moment schien er befriedigt, doch es geschah ein Unglück. Sie hatte beim Hämmern wohl eine Vene getroffen, und das Blut spritzte durchs gesamte Zimmer. Miss SM erschrak. Der Gast blieb cool, legte seine Hand auf ihre Schultern und sagte: »Kein Problem, mach dir keine Sorgen. Das ist mir schon einmal passiert!« Er ließ sich kurz von ihr verarzten, zahlte und verschwand auf Nimmerwiedersehen.

Die Sauerei wurde schnell bereinigt, die Wände bekamen einen frischen Anstrich, und von dem Massaker war nichts mehr zu sehen.

Die Muschishow –
Abspritzen ohne Anfassen

Wenn ich Telefondienst hatte, nahm ich manchmal die An-
rufe eines sehr beliebten älteren Stammgasts entgegen. Der
Mann bestellte meistens drei bis vier Damen auf einmal – je
nachdem, wie viele gerade Zeit und Lust hatten.

»Ich!« »Ich!« »Ich«!, schrien die Liebesdienerinnen, wenn
sie gefragt wurden, ob sie den netten Opa beglücken wollen.
Denn schneller und einfacher konnte kaum eine ihr Geld
verdienen.

Klare Ansage: »Ihr müsst keinen Sex haben und weder
Hand anlegen noch euren Mund zur Hilfe nehmen!« Da
wurde es den Damen wirklich sehr leicht gemacht. Das
Prozedere war immer das gleiche. Der betagte Freier – vom
Scheitel bis zur Sohle sehr gepflegt und von einer angenehmen Parfumwolke umhüllt – legte sich nackt aufs Bett, alle
viere von sich gestreckt und bat, seinem Wunsch zu folgen:

»Alles, nur bitte berührt mich nicht!« Und was die Damen nicht tun sollten, das gönnte auch er sich selbst nicht. Starr wie eine Salzsäule lag er auf dem Rücken, glühend vor Verlangen. Sein Schwanz wurde immer härter, je länger er den Damen nachlechzte. Die mussten sich nun breitbeinig über ihn stellen, ihre feuchten Mösen präsentieren und lüstern mit den Hüften wackeln.

So schön, so gut. Bis eine der Ladys ihr Lachen nicht mehr zurückhalten konnte und dadurch ein klitzekleines Tröpfchen Natursekt direkt auf dem Gesicht des Freiers landete. »Bah, was ist das?«, schreckte der erboste Opa hoch. Seiner Erektion tat dieser kleine feuchte Zwischenfall keinen Abbruch. Im Gegenteil: Heißes Sperma ergoss sich über seinen ganzen Körper. Es war vollbracht! Der Gast war selig und hatte einen neuen Fetisch entdeckt.

Ein Lustspiel in zwei Akten

Alle gehen hin – aber keiner redet darüber. Die siebte Etage unseres verruchten Kölner Etablissements war die am stärksten frequentierte Ebene von allen. Hier waren die Transen zu Hause. Transsexuelle. Frauen in einem Männerkörper. Manche nur verkleidet, manche tatsächlich She-males mit Schwanz und Titten zugleich. Meist stammten sie aus dem Orient oder aus Thailand, wo sie als Ladyboys von den Straßen der Touristenorte nicht wegzudenken sind und die ausländischen Freier bedienen.

Im siebten Stock liefen die scheinbar schönsten Damen in heißen Dessous herum, sie trugen verspielte Kostüme mit bunten Federn, waren mit glänzenden Perlen und sündhaft teuren Ohrringen behangen. Sie stöckelten in lebensgefährlich hohen Glitzerpumps und High Heels aus rot glänzendem Lack über die Gänge, ihre falschen Wimpern zauberten einen verlockenden Augenaufschlag. Für ihre Schönheit nahmen sich die Transen viel Zeit. Oft schminkten sie sich stundenlang, steckten kunstvoll die Haare hoch und saßen dann verlockend vor ihren Zimmern auf Hockern, die steinharten Silikonbrüste hochgeschnallt, und wedelten mit ihren dicken Schwänzen. Hier schob keine Einzige Block und ließ anschreiben. Die Transen hatten ihre eigenen Preise, und die waren weitaus höher als der Normaltarif auf den anderen Etagen des Lusthauses.

Genau hier stieg eines Abends eine illustre Gang-Bang-Party mit einem guten Dutzend Männern und Weibern bzw. solchen, die es gerne wären. Die Transen rieben sich erwartungsvoll die kräftigen Hände, ihre rot glühenden Wangen verrieten ihre enorme Vorfreude. Tief schallte es durch die Räume: »Das wird ein Mordsspektakel!«. Und was für eines!

Ein grauhaariger Mitsechziger durfte als Erster. In Feinripp mit Bierbauch trat er an, seine Schenkel zitterten vor Erregung. Die Profitransen schnallten dem Freier Lederriemen um die mickrigen Handgelenke und zogen seine Arme weit auseinander, bis die Gliedmaßen zu reißen drohten. »Aaaaaahhh«, stöhnte er auf.

Dann wurde der geile Bock über einen kargen Holzbock gespannt, und das Massaker der Lust konnte beginnen. Die Gäste strömten ins Zimmer und nahmen den Opi von hinten. Sie warteten artig in Reih und Glied, bis sie dran waren und ihre harten Schwänze in des zarten Opis Arsch rammen durften – mit heftigen schnellen Stößen. Bei jedem Eindringen stöhnte er jammernd. Ich verfolgte das muntere Treiben angeekelt am Monitor und beobachtete den Freier, wie er nach etwa einer Stunde den Schlachtbock verließ. »Bitte – eine Pause, ich brauche eine P – a – u – s – e!« Er zog sich an und ging zu seinem Auto. Als er nach fünf Minuten zurückkam, wurde die zweite Runde eingeläutet. Ich traute meinen Augen nicht, denn Opi trat nun im zart rosafarbenen Negligé auf. Und wieder wurde gehämmert, bis das Bett zu brechen drohte, Opi jammerte und stöhnte laut und lauter.

Der Vorraum war gut gefüllt, etwa dreißig Gäste standen noch auf der Matte und trieben es zum Teil in der Schlange. Das Lustspiel sollte noch lange nicht beendet sein ...

Auf den Geschmack gekommen

Eines Nachts lustwandelte ein williger Freier durchs Laufhaus, auf der Suche nach sicherer Beute. Er trug graue kurze Löckchen, sprach gebrochenes Deutsch, und seine Haut schimmerte olivgrün.

Mir kam der Typ suspekt vor, ich traute ihm nicht. Also ließ ich ihn von meinem Kollegen bis zur siebten Etage verfolgen. »Verflixt noch mal, das sind aber auch Geschosse, meine Herren!«, sagte er, als er mit Kennerblick das Angebot abgecheckte.

Ich hatte das Gefühl, er wusste nicht, dass die erhofften Damen eigentlich Kerle waren. Zielgenau steuerte er auf ein verführerisch zurechtgemachtes Luder zu, das mit seinen Reizen derart gut zu beeindrucken wusste, dass es auch diesen Kerl fast aus den Socken haute.

»Wow, du bist echt 'ne Wucht!« Kaum ausgesprochen, fühlte der Typ auch schon eine kräftige Hand zwischen seinen Beinen. Sie umfasste sein Gemächt und drückte zu, sodass der gut ausgestattete Freier nicht mehr wusste, wo hinten und wo vorne war. Angelockt von so zupackender weiblicher Attraktivität, ließ er sich auf ein angenehm duftendes Liebeszimmer locken.

Dort ging ihm dann ziemlich schnell ein helles Licht auf! Die Frau entledigte sich ihres hautengen Glitzeroutfits – das Geheimnis war gelüftet: In Wirklichkeit machte sich hier gerade ein Kerl über ihn her. Viel Zeit zum Überlegen blieb dem Freier nicht, da steckte auch schon ein mächtiges Glied in seinem Mund. »Bah, du bist ja ein Maahhnn, ein Maaahhhnnn!« Auf diese Wendung war der Freier absolut nicht eingestellt – und zunächst war er auch nicht bereit mitzuspielen. Andererseits schien ihn die Situation durchaus geil zu machen, und schließlich ließ er sich dann doch gehen. Schreien war ja sowieso zwecklos, die Transe war übermächtig. Und siehe da, es schien ihm zu schmecken. Schmatzend kaute er am halbsteifen Schwanz der Transe herum, auch als der ernsthaft dreinschauende Security-Mann vor der Tür stand. Jemand musste den Alarm ausgelöst haben. Vielleicht war er es selbst gewesen, doch mittlerweile ließ der Freier die Transe nicht mehr los, er kaute einfach wie von Sinnen weiter und fühlte sich scheinbar vom kräftigen Sicherheitsmann noch animiert weiterzumachen. An diesem Abend ist er wohl auf den Geschmack gekommen?!

Der potente Star aus Hollywood

Einen Hehl hat er nie daraus gemacht, ein regelmäßiger Puffgänger zu sein und ab und zu einen über den Durst zu trinken. Er war eben ein echter Kerl. Ein Lebemann aus Hollywood, der für sein Alter überdurchschnittlich gut drauf war. Namen werde ich natürlich nicht nennen. Nur dies: Über das weibliche Geschlecht soll er einmal die folgenden Worte gesagt haben: »Frauen tun für ihr Äußeres Dinge, für die jeder Gebrauchtwagenhändler ins Gefängnis kommt!«

Vor einigen Jahren klopfte es an unserer Tür, und wie aus dem Nichts stand da ein echter Hollywoodstar – und ein cooler Kerl noch dazu. »Welcome, Buddy!«, begrüßten wir ihn und ließen ihn herein. Er hatte Charisma und zeigte sich äußerst spendabel. Der prominente Schauspieler posierte für private Fotos im Tabledance-Club, trank viel Whisky und ließ sich ebenso freizügig mit unseren Damen fotografieren. Er lief wie ein ganz normaler Gast durch unser Haus und quatschte mit den Ladys. Er war gut drauf, freundlich und zuvorkommend und ganz ohne perverse Neigungen. Und er hatte stinknormalen Verkehr mit den Damen aus unserem Club – es mussten nur mehrere sein, und zwar im richtigen Mix: »Eine Dunkelhaarige und eine Blondine bitte«, bestellte der blonde Star. Und nach einer Weile tauschte er sie einfach aus. Die Ladys waren happy.

Für sein schon gesetztes Alter machte er einen sehr potenten Eindruck. Stundenlang vergnügte er sich, ließ die Puppen tanzen und viel Trinkgeld springen. Ein echt cooler Typ!

Großer Gangsterrapper ganz klein

Nur mal so am Rande: Bekannte Persönlichkeiten machen oft einen auf dicke Hose, um dem Klischee des coolen Typen gerecht zu werden, und haben dann an besagter Stelle absolut nichts zu bieten.

Vor einigen Jahren stand ein international bekannter weißer Rapper samt Entourage vor unserer Tür. Der kleine Gangster gab sich großkotzig, überheblich, schmierig und ungepflegt. Seine ganze Truppe fiel in den Laden ein und benahm sich im Gegensatz zu ihrem coolen Anführer ganz okay. Während seine Begleiter zu später Stunde, gut angetrunken vom vielen Schampus, in den Zimmern verschwanden und dort auch länger blieben, spielte der US-Superstar weiter den großen Macker und ließ ein Mädel nach dem anderen antanzen, bis er dann endlich Ruhe gab und mit zwei der Huren auf dem Zimmer verschwand. Nach etwa acht Minuten erklärte sich dann auch sein möchtegerncooles und nerviges Auftreten. Denn unmittelbar nach dem ultrakurzen Liebesakt berichteten unsere Ladys von seinem klitzekleinen Schwänzchen und klagten auch noch über seine mangelnde Standfestigkeit. »Sein Schwanz war nicht so groß, dafür aber unheimlich dünn!«, verriet uns eine der Liebesdienerinnen lachend.

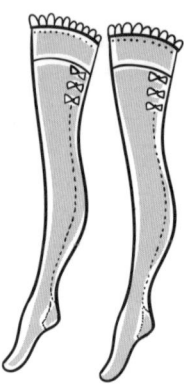

Nachts, wenn alles schläft

Es war Vollmond. Und wieder einmal spiegelte sich diese Mondphase im irrwitzigen Verhalten der Gäste wider. Volltrunken, laut gestikulierend und jaulend liefen sie durch die Gänge des Laufhauses. Das gesamte Personal war kaputt und ausgelaugt vom anstrengenden Wochenende. Da gerät man leicht in die Versuchung, sich ein ruhiges Eckchen zu suchen und ein Nickerchen zu machen.

Als am Sonntagmorgen unser Tagmanager seinen Kontrollgang durchs Haus machte, traute er seinen Augen nicht. Ihm bot sich ein Anblick wie aus Dornröschens Märchenschloss. Der Sicherheitsmann am Eingang war eingeschlummert, und einige betrunkene Gäste hatten anscheinend den Weg nach draußen nicht gefunden. Sie lagen hinter der Rezeption, direkt neben dem laut schnarchenden Nachtmanager in seinem Sessel. Waren denn hier alle total mondsüchtig geworden? Der Tagmanager holte die komplette Belegschaft aus ihrem dämmernden Dornröschenschlaf. Wie geprügelte Wölfe rappelten sie sich aus ihren unbequemen Schlafpositionen auf und gingen wieder ihrer Arbeit nach. Während der Mond hell schien ...

Fahnentreue Araber

Während der Fußball-Weltmeisterschaft 2006 wehte vor unserem Kölner Etablissement ein riesengroßes Banner mit den Fahnen aller 32 WM-Teilnehmer. Eine davon war die von Saudi-Arabien.

Wir wollten schließlich alle Länder herzlich willkommen heißen und unsere Tore allen Nationen öffnen. Motto: »Die Welt zu Gast bei Freundinnen.« Die Saudis haben das wohl in den falschen Hals bekommen, denn plötzlich stand eine Gruppe strenggläubiger Moslems vor unserer Tür. Fünfzig Bärtige, wahrscheinlich Salafisten, gehüllt in schwarze Kaftans, marschierten zum Freitagsgebet vor dem roten Teppich des Pascha auf und zwangen uns mit bedrohlichen Mienen, die Fahne mit der arabischen Aufschrift »Allah ist groß« sofort abzuhängen – sonst würde der Laden brennen. Die Fahne mit dem Namen Gottes an einem Bordell – das sei mit ihrem Glauben nicht vereinbar. »Das ist eine Beleidigung. Allah hat in einem Hurenhaus nichts zu suchen«, verkündete ein Sprecher mit zornigem Gesichtsausdruck.

Das schien wahrlich kein Scherz zu sein. Als dann noch der Verfassungsschutz bei uns durchläutete und mitteilte, dass mit dieser Gruppe keineswegs zu spaßen sei, haben wir die Fahne schwarz übermalt und allen Moslems, die im Laden waren, ein Freigetränk spendiert. Allah sei mit euch.

Hans im Glück?

Auf meinen Kontrollgängen über die Flure lauschte ich zwangsweise den Kobergesprächen der Damen und den Fragen der Freier: »Wie viel für anal?«, »Was kostet Aufnahme?«, »Welchen Kurs rufst du auf für Anpissen?«, »Würdest du mich auch anscheißen?«. Ganz normale, alltägliche Gespräche auf den Gängen eines Bordells.

Ein lustiges Kobergespräch werde ich niemals vergessen. Ein hagerer Kerl ging auf eine junge Polin zu und sagte: »Mein Name ist Hans, ich habe seit zwanzig Jahren Durchfall, jeden Morgen um neun Uhr Stuhlgang, und um zehn Uhr stehe ich dann auf und gehe duschen ...«

Mehr wollte ich nicht wissen. Kopfkino – Hiiiillllffffeeee! Ich ging weiter und sah aus dem Augenwinkel, wie beide im Zimmer verschwanden. Sicher sind sie sich einig geworden ...

Ingmar Las Samenström
und die Detektive

Nicht selten musste sich die Polizei mit reinen Bagatell-fällen in unserem Haus herumschlagen. Wenn betrunke-ne Freier nach fünfzehn oder zwanzig Wodka-Lemon im Tabledance ausrasteten, weil sie sich ausgenutzt fühlten oder vom Sicherheitspersonal geohrfeigt wurden. Für uns war das reine »Maßregelung«, weil sie es einfach übertrie-ben hatten und vor den nackten Mädels beweisen wollten, welch tolle Hechte sie waren.

An einem schummrigen Freitagabend wollten einige stark angeheiterte Jungs vom Tabledance direkt weiter ins Laufhaus ziehen, sie wurden aber von unseren Sicherheits-jungs am Drehkreuz abgewiesen. Sie bettelten weiter und flehten um Zutritt, aber unsere Männer an der Tür blieben hart und abweisend. Die Freier in spe hatten einfach zu viel Alk im Blut! Die nervenden Kerle mussten draußen bleiben, ließen sich aber partout nicht abwimmeln und waren dann noch der festen Überzeugung, dass einer der Kollegen sie »durch Körperkontakt« zurückgewiesen habe und sie nun im Recht seien, die Polizei zu rufen. Sie bestanden darauf, die Namen der Sicherheitsmänner zu erfahren. Die zap-pelten nicht lange und sagten voller Überzeugung: »Lars Knäckebrot!« Und: »Ingmar Las Samenström!« Brav notier-ten die schwankenden Jungs die Phantasienamen des Per-sonals, riefen die 110 an und gaben sie selbstherrlich der Polizei durch. Kurze Zeit später erschienen die Beamten, zückten das Papier und riefen die Namen auf. Brüllendes Gelächter. Niemand meldete sich.

Die Polizisten drohten mit einer Anzeige. Tatbestand: Ordnungswidrigkeit. Der Fall wurde nicht gelöst.

Dom, oh mein Dom

Ein echter Kölner liebt seinen Dom, verehrt ihn wie ein Heiligtum. Diese Art von Freier findet hoch oben im Kölner Club genau das Richtige.

In unserer elften Etage haben wir ein kuscheliges Zimmer eingerichtet, das über die gesamte Breite durch ein riesiges Panoramafenster einen exquisiten Blick auf Kölns Wahrzeichen gewährt. »Dat is 'n Traum! Ficken mit Blick auf den Dom«, freut sich so manch ein Freier, und mindestens ein Orgasmus mehr ist ihm sicher. »Dat is aber noch 'n größerer Traum, wenn du auf dem thronähnlichen Bett liegst, von rotem Samt umgeben, zwei Damen zwischen deinen Schenkeln, die dich oral befriedigen, und dein Blick direkt auf den beleuchteten Dom gerichtet ist«, verriet ein kölscher Freier. Allein bei der Erzählung ging ihm schon wieder einer ab.

Sein Heiligtum fest im Griff zweier supergeiler Weiber, das Kölner Heiligtum exakt im Blick. Da fühlt sich der Freier hoch oben, über den Dächern der Stadt, wie der König von Kölle. »Dom, oh mein Dom!«, stöhnte der eine oder andere und spritzte sein Sperma in Richtung Domspitze. Et kütt, wie et kütt ...

Dinner for one

Einige Freier riefen schon Tage vorher bei uns an, um eine persönliche Bestellung aufzugeben. Wie Harry aus Schweinfurt, der nicht nur die passenden Damen orderte, sondern auch gleich sein Wunschmenü: »Daliah soll bitte an diesem Tag Sushi essen und Corinne Linsensuppe, zum Nachtisch beide bitte einen fetten Schokoladenpudding!« Sein Wunsch war den Damen Befehl. Daliah und Corinne bereiteten sich mit rohem Fisch, Hülsenfrüchten und Schokopudding ordnungsgemäß vor und warteten auf ihren Freier.

Harry reiste mit eigenem Geschirr an, er bat nur um die Bereitstellung eines frisch geputzten Glastisches. Dann platzierte er die Glasteller auf dem Tisch, legte fein säuberlich weiß gestärkte Servietten daneben und beschwerte diese mit edlem Silberbesteck. Harry trug einen gut sitzenden schwarzen Smoking, ein weißes Hemd und einen roten Kummerbund. Mit einem kleinen Glöckchen bat er die Damen zu Tisch. »Zuerst Daliah bitte«, sagte er höflich. Während sich Harry unter dem Glastisch positionierte, setzt sich seine Liebesdienerin sanft auf den ersten Glasteller und presst drauflos. Braune Gülle schoss aus ihrem After. »Jetzt Corinne!« Corinne nahm vorsichtig auf dem zweiten Glasteller Platz und entleerte ihren glucksenden Linsenbauch. Harry erfreute sich an der grünbraunen Notdurft. Die Damen durften zum Dinner bleiben, setzten sich neben Harry und wünschten »Guten Appetit!«. Erst die Suppe, dann das Sushi. Oder das, was davon übrig geblieben war ...

Bitte nicht anfassen!

Da lag sie nun, wie Gott sie erschaffen hatte. Eine bildschöne Polin. Anfang zwanzig. Ein Körper wie gemalt. Schlank und sportlich durchtrainiert, die blonden Haare bedeckten ihre zarten Knospen. Leider schlief sie komatös, war betrunken und zugedröhnt.

Die Schönheit hatte es nicht mehr rechtzeitig in ihr Schlafgemach geschafft. Und so fand ich sie splitterfasernackt im Treppenhaus liegend. Ich zögerte nicht lange und schmiss sie mir lässig über die Schulter. Da die Räume zu den privaten Schlafgemächern der Mädels, die sich bei uns eingemietet hatten, verschlossen waren, kramte ich in meiner Hose und legte die Lady währenddessen auf einem Barhocker im Flur ab. Den Bauch nach unten gerichtet, der Knackarsch lag frei nach oben ausgestreckt. Das Mädel war bewusstlos, aber manche Kerle schreckte selbst das nicht ab. »Ey, was kostet die?«, fragten mich einige lüsterne junge Freier, die sich kichernd um meine Polin stellten und anscheinend dachten, das sei eine willkommene Einladung, den Hintereingang der Dame zu benutzen. Gerade noch rechtzeitig drehte ich mich um, schulterte die Lady erneut und brachte sie in ihre eigenen heiligen vier Wände in Sicherheit. Zum Ausnüchtern.

Ein kleiner Italiener

In gewisser Weise ist unser Haus eine Zweigstelle der Vereinten Nationen. Freier und Huren aller möglichen Herkünfte verschmelzen im Liebesakt. Meistens klappt die sexuelle Völkerverständigung. Meistens – aber nicht immer. Ein kleiner, etwas zierlicher Italiener mit streng nach hinten gegelten Haaren gehörte zur zweiten Kategorie. Wie ein Hahn stolzierte er durchs Haus und landete auf der sechsten Etage, wo sich zu jener Zeit ausschließlich Afrikanerinnen tummelten.

Deren Anführerin wurde »Big Mamma« genannt. Mit rot leuchtendem Turban und bunten Gewändern war sie laut singend die allgegenwärtige Etagen-Herrscherin: »Ha le le bumm ba ja!« Big Mamma zog den kleinen Italiener sofort an ihren mütterlichen Busen, der im Takt wippte, wenn sie tanzte oder sang. Laute Schreie tönten aus dem Zimmer, und plötzlich schrillte der Alarm. Zwei unserer starken Sicherheitsjungs rannten hinauf ins Zimmer und zerrten den kleinen Mann zwischen den mächtigen Titten von Big Mamma hervor. »Retten Sie mich, bitte!«, flehte der Italiener inständig. »Retten Sie mich vor diesem Koloss!« Der vor Angst bebende Mann wollte sich gar nicht mehr beruhigen, »Hilfe, ich will das nicht!«, er zeterte und jammerte – bis die pralle Big Mama ein Machtwort sprach:. »Wer bezahlt, bekommt auch was geboten!«

Dabei hatte er doch eigentlich einer der zierlichen kaffeebraunen Beautys seinen Big Daddy zwischen die Kiemen schieben wollen. Von Big Mamma aber fühlte er sich vergewaltigt, so hart hatte sie ihn rangenommen und mit ihren riesigen Titten beinahe erstickt. »Mamma mia, che spettacolo!«

Na nü – Orgasmus-Garantie?

Ein eleganter Herr in feinstem Zwirn betrat mitten im Hochsommer unser Kölner Haus. Leider konnten wir ihn nur schwer verstehen.

Na nü, es war ein Sachse. Und was für einer! Er hatte etwas Putziges, Naives, Liebenswertes an sich. Er zahlte 50 Euro und verschwand glückselig im Laufhaus. Nach einer halben Stunde erschien er an unserer Rezeption und forderte in breitem Sächsisch sein Geld zurück. »Isch hab misch doch sooo bemühd, aber isch globe nisch, dass die Dome enen Orgasmüs hadde ....« Da hadde der Sochs unser Versprechen »Orgasmus garantiert, sonst Geld zurück!« wohl irgendwie falsch verstanden.

Der Mann war aber so nett, dass er von uns einen Gutschein fürs Laufhaus bekam, um die gute alte Fortuna erneut herauszufordern. Glück auf!

Der Probeficker

Ein ehemaliger Kollege hatte bereits dreißig Jahre in unserem Kölner Bordell auf dem Buckel, als ich ihn kennenlernte.

In jungen Jahren war er Mitglied der französischen Fremdenlegion, aus der er wegen einer Verletzung vorzeitig entlassen worden war. Ein schlaksiger, trockener Typ mit markanten Gesichtszügen und ganz viel Humor. Ein wahrhaft gut bestückter Mann mit einer riesigen Fleischpeitsche, die schon im schlappen Zustand bestimmt 22 Zentimeter maß. Beneidenswert! »Yippieh Ya Yay!« – bei jeder Gelegenheit, die sich ergab, holte der Schwerenöter sein Riesending aus der Hose und präsentierte es auf dem Tresen, um die Gäste zu demütigen. Oder zu beeindrucken.

Ein Einstellungskriterium war das allerdings nicht. Doch manchmal, wenn Frauen vorbeikamen und sich vorstellten, um ein Zimmer zu mieten, wurden sie von ihm erst einmal auf ihre Tauglichkeit und ihr Durchhaltevermögen getestet. Hatten sie den Test mit der überdimensional großen Peitsche aus Fleisch und Blut bestanden, war ihnen das Zimmer hundertprozentig sicher. Beschwerden seitens der Damen gab es über diese Prüfungsmethode merkwürdigerweise nie …

Sprichst du Deutsch?

Schon viele Jahre kam eine grundsolide Deutschlehrerin in unseren Puff, um den Huren die Grundbegriffe der Erotik auch sprachlich näherzubringen.

Die meisten hätten ein »großes Talent für Sprachen«, berichtete die Alphabetisierungspädagogin. Manchmal unterrichtete sie auch Mädels, die kein einziges Wort Deutsch sprachen und selbst in ihrer Muttersprache kein Wort lesen oder schreiben konnten. Ihr Kurs war sehr beliebt, und einige konnten die nächste Unterrichtsstunde der Frau Lehrerin kaum erwarten. Zweimal pro Woche drängten sich bis zu zwanzig interessierte Damen im Aufenthaltsraum, der kurzerhand zum Klassenzimmer umgebaut wurde und wo mithilfe einer Tafel, diversen Bildern und einer Pinnwand hart gearbeitet wurde. Schließlich sollten die Freier auch verstanden werden.

Schon als ich die Lehrerin für unser Kölner Etablissement angeworben hatte, musste ich die studierte Sozialpädagogin erst einmal auf die richtige Spur bringen. Sätze wie »Mama und Papa gehen einkaufen« sollte sie gleich mal vergessen. Hier kam es auf andere Begrifflichkeiten an: »Ficken-Blasen-Abspritzen, Pimmel-Sack-Latte, Muschi-Titten-Arsch, Analverkehr-Natursekt-Aufnahme.« Sie verstand schnell und ließ sich schmunzelnd darauf ein. Und schnell wurde klar, dass es sehr viel besser flutschte mit den Damen, seitdem mit ihnen fachspezifisch gearbeitet wurde.

Ein stinknormaler Deutschunterricht sieht sicherlich anders aus, aber auch Sätze für den Alltag waren Teil der Paukerei.

Geschichten, die sie mit »ihren Mädels« erlebt hat, wollte die Pädagogin aber nicht rausrücken. Denn die Huren vertrauten sich ihr an, und sie fing sie auf, zeigte Verständnis und hatte unendliche Geduld, wenn die übermüdeten Schülerinnen unkonzentriert auf ihren Stühlen hin und her rutschten.

Dazu kam der Konkurrenzdruck untereinander. Tänzerinnen, Laufhaus-Huren und die Club-Damen wollten mit den jeweils anderen Abteilungen und Stockwerken oft nichts zu tun haben. Im Deutschunterricht trafen sie aber alle aufeinander. Bevor es zu Reibereien kommen konnte, musste der Unterricht schon wieder vorbei sein.

Als äußerst hilf- und lehrreich erwiesen sich die Zeichnungen, die ein befreundeter Illustrator zu Papier gebracht hatte. Er zeichne für sein Leben gern, berichtete die Lehrerin. »Du darfst wieder Bildchen malen. Heute Wörter mit Doppelvokalen oder Dehnungs-A wie ANAL.« Der Künstler machte sich ans Werk, und die Mädels kicherten jedes Mal beim Blick auf das selbst gemalte Anschauungsmaterial.

Eine gute Freundin, die gerade über ihren Prüfungen zur Sozialarbeiterin saß, durfte regelmäßig die Liste checken und entscheiden, ob noch irgendein wichtiger Satz fehlte. Beispiele: »Du machst mich feucht«, »Mein Höschen ist nass«, »Er ist so groß«. Sätze für den Alltag in Puff eben.

Als die Sexvokabelblätter fertig erstellt waren, ging die Lehrerin damit zum Copyshop. Sie dachte sich nichts weiter dabei und schob das Unterrichtsmaterial in den Kopierer. Die Dame am Nebenkopierer fühlte sich belästigt und war außer sich, als sie die Bildchen sah und die dazugehörigen Sätze las. Einige Nachbarn wechselten seitdem sogar die Straßenseite, wenn sie die Bordell-Lehrerin sahen. Sie gingen anscheinend davon aus, dass sie im Puff als Hure arbeitete. »Ich muss mich hier ganz und gar nicht erklären, und außerdem weiß ich dafür, was die Männer da machen!«, berichtete sie nicht ohne Stolz.

Nach einem sehr netten und intensiven Nachmittag mit »ihren Mädels« verließ die Pädagogin einmal das Haus und bemerkte, dass ein älterer Herr sie verfolgte. Sie lief schnurstracks in Richtung S-Bahn, als der Kerl sie plötzlich ganz knapp überholte und sich vor ihr verbeugte. Höflich, wie sie war, blieb sie stehen, während er sie mit großen Kulleraugen anstarrte und ganz langsam fragte: »Sprichst – du – Deutsch?« Sie nickte höflich und antwortete: »Ich – bin – Deutschlehrerin – in – diesem – Haus. – Aber – bitte – siezen – Sie – mich. Wir – haben – ja – das – Bordell – verlassen. Und – ich – kenne – Sie – nicht.« Verwundert schaute der Freier sie an und konnte es nicht glauben, dass es tatsächlich eine Deutschlehrerin in einem Bordell gab. Er fühlte sich auf den Arm genommen: »Du – machen – doch – Witze?« »Nein, ganz und gar nicht. Ich bin eine echte Deutschlehrerin und das ist auch kein Rollenspiel. Hier, schauen Sie ...« Sie kramte ihr Arbeitsblatt aus dem Unterricht heraus, auf dem die Grundbegriffe wunderbar verständlich mit Bleistiftzeichnungen illustriert und erklärt waren. Vokabeln wie »französisch«, »lutschen«, »oral«. Mit hochrotem Kopf entschuldigte sich der Freier tausendmal bei unserer wortgewandten Lehrerin. »Das gibt's doch nicht«, schüttelte der ältere Herr den Kopf.

Taxifahrer waren da oft noch viel ruppiger oder auch eindeutiger. Wenn eine Frau am Bahnhof einstieg und das Bordell als Ziel angab, war das ein klares Stigma. »Ey, isch mach dir einen Sonderpreis, du weißt schon!« Ja, is klar. Taxameter aus, und los geht's. Fahrt gegen Sex oder Oralverkehr. Das entschied natürlich jede Dirne selbst, aber für unsere Deutschlehrerin war das ja nun keine wirkliche Wahlmöglichkeit.

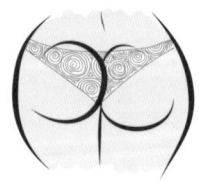

Hopphopp – ab zur Darmspülung!

Nicht selten wollten Freier auch selbst als Damen verkleidet werden. Ich erinnere mich an einen, der in der siebten Etage zunächst darum bat, überall am Körper rasiert zu werden. Kurz darauf wurden ihm auf seinen Wunsch hin ein Spitzen-BH und ein sündiger Slip übergestreift, eine rothaarige Perücke aufgesetzt, falsche Wimpern angeklebt und der Mund kussrot angemalt. Die Transe, für die er so herausgeputzt wurde, stand schon lechzend bereit.

Aber der Freier musste erst noch richtig vorbereitet werden. Also ab ins Bad zur Darmreinigung! Es genügte ja nicht, mit dem Finger ein bisschen im Anus herumzupopeln. Der Freier war mit den Abläufen absolut nicht vertraut, und so dauerte die Reinigung eine gefühlte Ewigkeit. Sein Wamst war dick aufgebläht, sein Darm rappelvoll. Und so war es nur logisch, dass den Transen eine riesige Fontäne entgegenschoss, als sie die Analdusche ansetzten.

Diese speziellen Duschen gibt es in Sexshops. Jede Anwendung ist eine Kunst für sich. Gewusst, wie! Das Wasser darf nicht zu heiß und nicht zu kalt sein, und es muss auf den Gummiring geachtet werden, der als Dichtung auf der Dusche sitzt. Viel zu beachten also – und manche stellen sich auch wirklich dumm an. So auch dieser Freier. Eine zweite Fontäne kam aus seinem Anus geschossen, dunkelgrün gefärbt. Es war dem Typen äußerst unangenehm. Das Zimmer musste nun erst einmal gereinigt und die Laken gewechselt werden, bevor der Akt überhaupt losgehen konnte. Was dann auch unter Ausschluss der Öffentlichkeit geschah.

Der Hausmeister hatte nach diesem Anal-Schauspiel alle Hände voll zu tun. Mit Handschuhen bis zu den Achselhöhlen, wie sie normalerweise vom Tierarzt zum Besamen verwendet werden, machte er sich an die Drecksarbeit und säuberte den Abfluss, weil das Vorspiel für Verstopfungen gesorgt hatte.

Geniales Marketing

Es ging die Mär, dass hübsche Jungs bei den Transen auch ohne Bezahlung reingelassen und bedient werden.

Eine unsere Transen war ein echtes Original. Sie nahm keine Hormone, hat keinerlei Implantate im Arsch oder den Titten, sie schminkte sich nur wenig und kleidete sich feminin, aber nicht nuttig. Und – sie bevorzugte junge, hübsche Burschen. Denen gewährte sie auch mal ohne Geld Eintritt in ihr Lustgemach und Hinterstübchen. »Komm nur rein, du Hübschling!«

Allerdings mussten die schönen Hengste zustimmen, dabei gefilmt zu werden, und diese Filmchen wurden dann in Endlosschleife an ihrer Tür gezeigt. Die perfekte Werbung in eigener Sache! Die Typen machten mit, schauten brünstig in die Kamera, winkten und lachten sogar. Total hemmungslos, wie die Transsexuellen auch. Die Transe räumte mit ihrer Geschäftsidee alles ab. Ohne Hammermöpse, ohne weibliche Züge. Die verdiente an manchen Tagen mehr als alle anderen auf der siebten Etage zusammen. Vor allem weil die hormonelle Behandlung, der sich die anderen Transen aussetzten, die Potenz negativ beeinflussen kann. Und von zehn Freiern wollen acht befriedigt werden, da stand sie im wahrsten Sinne des Wortes wesentlich besser ihren Mann. Die anderen mussten viel härter arbeiten, um so viel Kohle zu machen wie sie, die ohne Tamtam und falsche Möpse um Freier warb. Ob es an den Videos mit den hübschen Jungs lag?

Das Muschi-Toupet

»Zu viel Klasse, zu schön, zu perfekt – das wollen die Freier nicht. Die wollen die Verruchte, die Nutte, die Schlampe!«, verriet mir einmal unser brasilianischer Hausfriseur. Wenn die Frisur nicht mehr so edel ausschaue, machen die Damen weitaus mehr Asche als frisch vom Friseur kommend. Viel wichtiger sei manchem Gast die Frisur zwischen den Schenkeln.

Eines Tages klopfte eine Schönheit verzweifelt und gehetzt an der Tür unseres einfallsreichen Friseurs: »Ich brauche schwarz gekräuseltes Haar für unten – sofort!« Ihr Freier wollte keine glatt rasierte Möse lecken, er bevorzugte einen vollen Busch, durch den er sich wühlen konnte. Paco zauderte nicht lange, schließlich ist »der Kunde König und jeder Freier ein potenzieller Prinz für die Lady« – das bläute er den Mädels tagtäglich ein. Und da er ein Freund, ein guter Freund war, hatte er eine grandiose Idee parat: »Wo ist die Anna, unsere Putzfrau? Hol sie her, schnell!« Auf-

tritt Anna: Sie war dunkelhäutig und trug dunkles gelock-
tes Haar – auf dem Kopf. Also schenkte er ihr einen Haar-
schnitt und verwertete die abgeschnittenen Kräusel für ein
geniales Muschi-Toupet. Die Hure entblößte sich schamlos
vor ihm, und er schnitt aus doppelseitigem Teppichklebe-
band ein Dreieck für ihre Intimzone zu – auf Augenmaß!
Darauf wurden die Haare der Putze geklebt, und fertig war
das Muschi-Toupet. Es saß perfekt, verrutschte nicht und
wirkte täuschend echt. Wenige Minuten später eilte unser
frisch behaartes Mäuschen ins Zimmer zurück und be-
glückte ihren potenziellen Prinzen.

Auch für 5000 Euro nicht!

In unserem Münchner Etablissement fand eines Tages
eine heiße Champagner-Sexparty statt. Alle schon total
besoffen und scharf wie Nachbars Lumpi. Das übliche Programm lief ab. Zwei Damen und ein Freier auf einem der
Zimmer mit Pool. Sie bedienten ihn ausgiebig, und er lehnte sich zurück und genoss: Er kam und kam. Doch urplötzlich schien ihm das nicht auszureichen, denn er verlangte
nach einem Mann. »Ich würde jetzt wahnsinnig gern einem
Kerl einen blasen!« Zu diesem Zeitpunkt war noch einer
meiner Kumpels und Kollegen im Laden, die Dirnen riefen
ihn hoch. »Ich zahl dir 5000 Euro für einmal blasen. Ich
besorg's dir richtig, Alter!« Ein großzügiges Angebot, aber
ein unmoralisches zugleich. Mein Kumpel war dafür nicht
zu haben. Er lehnte dankend ab. »Einen Kerl an meinem
Gemächt rumlutschen lassen? Niemals!«

Das Geburtstagsgeschenk

In einem Kölner Laufhaus, in dem ich in meiner Zeit vor dem Pascha tätig war, befand sich im Erdgeschoss ein Kontaktbistro, eine sogenannte Kitzelbude, in dem die Huren, die eigentlich im Laufhaus vor ihrer Tür warten sollten, auf Freier lauerten und sie abgriffen, noch bevor diese ihren Gang durchs Laufhaus starten konnten.

Nach meinen Kontrollgängen nahm ich in diesem Bistro öfter mal eine Erfrischung zu mir und ließ mich so mit den Damen auf eine Unterhaltung ein. Ganz normale Gespräche eben. Eine sehr kräftige, massige, in die Jahre gekommene Althure hatte schon seit längerer Zeit ein Auge auf mich geworfen und scharwenzelte ständig um mich herum. Ich muss zugeben, ihre äußerst naive Art, gepaart mit einer piepsigen Lispelstimme, gab ihr einen gewissen Charme. Irgendwie mochte ich die Barbara, trotz ihres abschreckenden Äußeren. Ihre beste Freundin Anna war das genaue Gegenteil – eine pure Sexbombe! Endlose Beine, lange blonde Haare, blaue Augen ... aber total arrogant, eingebildet und unsympathisch. Wir mochten uns nicht, von der ersten Sekunde an. Aber da war dieser Reiz. »Die muss ich irgendwann mal flachlegen!«, dachte ich mir. Dann hatte Barbara Geburtstag. Die arrogante Anna war zu geizig, ein Geschenk zu kaufen, und so wollte sie mich anheuern. »Du, besorg es der Barbara mal so richtig zu ihrem Vierzigsten!« Mit Orgasmus-Garantie, versteht sich. Das Alter war natürlich eine glatte Lüge. Doch damit nicht genug: Anna wollte beim Akt dabei sein, um sicherzugehen, dass ich es ihrer Freundin auch wirklich besorgte.

Als wir drei endlich in Barbaras Zimmer gelandet waren, torkelte das total besoffene Geburtstagskind in Schlangenlinien aufs Klo: »Ich – mach – mich – ma – eben – frisch«, stotterte sie, und dann wurde sie nicht mehr gesehen. Nach geraumer Zeit schaute ich nach ihr. Kein schöner Anblick, der sich mir da bot. Der massige Koloss hing laut schnarchend über der Kloschüssel. Ich schloss die Tür und ging zurück ins Zimmer. Auf dem Bett lag splitternackt Anna mit weit gespreizten Beinen und warf mir einen gierigen Blick zu. »Wenn ich schon mal hier bin ...«, sagte ich mir und machte mich über sie her. Schnell entledigte ich mich meiner Klamotten, sprang blitzschnell zwischen ihre verlangenden Schenkel und rammte meine glühende Fleischpeitsche in sie hinein. Ich hämmerte immer und immer wieder, ließ meine ganze Aggression los, meine aufgestaute Wut über diese ätzende Braut. Plötzlich wurde ich still, hörte Geräusche hinter uns. Ich schaute zwischen Annas Titten an meinem Sack vorbei und sah Barbara, zusammengesackt am Türrahmen. Nach Luft japsend, stammelte sie mit ihrer Lispelstimme: »Anna, Anna, was – machst – du – denn – da – mit – meinem – Geschenk?«

Es kommt nicht auf die Größe an

Eine unserer Starhuren hieß Momoka, sie war Asiatin, ich glaube, aus Thailand. Wir nannten sie nur »Die Skrupellose«. Momoka machte alles mit, ließ sich auf jeden noch so ausgefallenen Wunsch ihrer Gäste ein und stellte sie jederzeit zufrieden. Jedes verfickte Mal. Noch nie hatte sich ein

Freier beklagt. Typischer Spruch: »Die Momoka weiß einfach, wie es geht ...«

Einmal nahm Momoka einen Landsmann mit aufs Zimmer. Asiaten sind ja bekannt dafür, ihre Intimzone nicht zu enthaaren. Und oft haben sie verdammt kleine Schwänze. Momoka wusste das, aber was ihr mit diesem Kandidaten passierte, konnte selbst sie nicht fassen. Zwischen seinen dünnen Beinchen wuchs ein riesiger Haarbusch, so dicht, dass sie das Dazwischenliegende erst gar nicht orten konnte. Sie musste sich über ihn beugen und in das Dickicht hineinpusten, damit sie überhaupt irgendetwas zu sehen und zu fassen bekam. Sie nahm seinen Ministumpen vorsichtig, wie mit einer Pinzette, zwischen zwei Finger und begann, ganz langsam zu reiben und zu rubbeln. Aus Angst, das kleine Stäbchen zu verletzen oder gar abzubrechen. Der hagere Asiate lächelte genüsslich, und es dauerte keine sechzig Sekunden, bis er einen leisen Ruf der Lust von sich gab: »Hai! Hai! Hai!« Sein Ejakulat spritzte wie aus einem Vulkan quer durch den halben Raum und landete treffsicher am Vorhang. Da blieb selbst Momoka die Spucke weg.

Besondere Tantra-Massage

Momoka war nicht nur eisenhart und hemmungslos, sie hatte auch ihre weichen Seiten. Sie war ausgebildete Masseurin, besonders bewandert in Tantra-Massagen. Für sie wurde extra ein Raum eingerichtet mit Massagebank und Werkzeugen aller Art, die sie für ihre Dienstleistungen benötigte. Thailändische Sphärenklänge machten das Gehirn so dermaßen weich, dass sich hier jeder fallen ließ und nicht mehr Herr seiner Sinne war. Und dann diese Frau! So zierlich und schmal gebaut, kaum Arsch und Tittchen, wie ein kleines unschuldiges Schulmädchen zog sie die Freier in ihren Bann.

Sie hatte mal einen Gast, übergewichtig und dermaßen beharrt am ganzen Körper, dass sie glaubte, es mit einem Affen zu tun zu haben. Er fläzte sich rücklings auf die Liege und forderte eine Prostatamassage. Aber Momoka ahnte, was er eigentlich wollte. Also stülpte sie sich einen Pariser über einen Finger und begann an seinem Loch zu fingern. Der große haarige Typ verlangte jedoch mehr. Sie zögerte nicht lange, streifte sich einen ganzen Latexhandschuh über die Hand und steckte ihm ihre ganze Faust in den Arsch. Der Freier war noch immer nicht zufrieden. Ihr Arm war so tief in seinem Anus, dass die Handschuhe nicht ausreichten. »Tiefer, noch tiefer!« Also raus damit, einen blauen Müllsack übergestreift und wieder rein. Sie bohrte so tief, immer und immer wieder, bis sich ein Stück Kacke löste und mit aus seinem Loch kullerte. Momoka wusste nicht so recht, wohin damit, und steckte es kurzerhand wieder hinten rein. Dabei ist der Freier dermaßen abgegangen, dass er sich mit den Händen in der Massagebank festkrallte und nicht mehr loslassen wollte, bis er ein Stück aus der Bank herausbrach.

Pipi-Boarding

Für die einen ist es eine Foltermethode, bekannt durch den Irakkrieg und Guantanamo – für andere ist es ein unverzichtbares Mittel, um sich von seinem sexuellen Druck zu befreien. In Gefangenschaft werden die Häftlinge in eine waagrechte Position gebracht, der Kopf liegt dabei tiefer als der Rest des Körpers. Ein Leinentuch wird ihnen dann über das Gesicht gebreitet und stetig Wasser drübergegossen, sodass die Häftlinge schnell das Gefühl haben zu ertrinken. Irgendwann ist der Gefolterte zu jeder Aussage bereit. Im Fachjargon heißt das »Water-Boarding«. Viele Freier bevorzugen das »Pipi-Boarding«, eine sehr ähnliche Methode. Sie legen sich unter die Hure, ziehen sich das Bettlaken über den Kopf und lassen sich langsam, aber stetig vollpissen. Manche japsen nach Luft, ertrinken fast, aber das macht es noch geiler für sie.

Einer dieser Kandidaten kam regelmäßig zu uns in den Laden und verlangte nach genau solch einer Behandlung. Ausgerechnet an dem Tag war keine der Damen, die diese Anwendung professionell vornahmen, anwesend. Kurz entschlossen erklärte sich eine der manchmal etwas zu gierigen Huren, die schon leicht angetrunken war, bereit und sagte: »Ich erledige den Job! Kein Problem!«

Ab dem Augenblick ging so ziemlich alles schief, was nur schiefgehen konnte. Während in der Regel nur ein paar wohldosierte Tropfen oder Spritzer auf dem Tuch landen sollen, konnte die Gute ihren Harndrang nicht mehr kontrollieren und unterbrechen. Sie pisste dem armen Kerl die komplette Blasenfüllung ins Gesicht. Durch den Schock und die feste Überzeugung, tatsächlich zu ertrinken, schlug er wild um sich und die Hure versehentlich von sich runter. Leider fiel sie dabei etwas unglücklich. Beim Versuch, sich noch abzufangen, rutschte sie auf ihrem eigenen Urin aus und stürzte auf ihr Steißbein, sodass sie noch am gleichen Tag ins Krankenhaus musste. Dort wurde festgestellt, dass sie für die nächsten vier Wochen nicht würde arbeiten können – von ein paar Blowjobs mal abgesehen.

»Ich muss mich reinwaschen«

Wenn ich mich mit unseren Klofrauen zum Klönen treffe, bleibt meist kein Auge trocken. Wir witzeln ständig herum und erzählen uns den neusten Klatsch und Tratsch. Eine, die regelmäßig in den Toiletten der Tabledance-Bar arbeitet, musste oftmals nicht nur die verklebten Klobrillen säubern, sondern auch die Wände mit Sagrotan reinigen und die Böden feucht wischen. Denn wer die Kohle nicht hat, ins Laufhaus zu gehen und 50 Euro für einen Fick hinzulegen, der reagiert sich auf dem stillen Örtchen ab und holt sich – angeturnt, angefeuert und angesoffen – selbst einen runter. Wo kann man schon für 30 Euro Flatrate saufen und bekommt noch einen »Private Dance« gratis obendrauf?

Etwas anders erging es einem etwa 25-jährigen jungen Mann, der sich im Tabledance aufs Klo verzog. Nach zehn Minuten machte sich die Klofrau ernsthaft Sorgen um den armen Kerl. War er betrunken eingeschlafen? Hatte er sich erbrochen? War er nicht mehr Herr seiner Sinne? Hatte er im Vollrausch seine Kräfte überschätzt? Die Türe war zum Glück nicht verschlossen. Sie trat in das spärlich eingerichtete stille Örtchen und fand den Lustmolch nackt vor der Schüssel betend, die Hände ineinandergefaltet, seine Sachen fein säuberlich übereinandergestapelt daneben. »Allah, ich bitte dich um Gnade, Allah, erhöre mich!«

»Ich muss mich reinwaschen. Ich habe nackte Frauen gesehen!«, gestand er der erstaunten Toilettenfrau und betete weiter. »Herrje, mach, dass du hier wegkommst, beten kannst du zu Hause!«, schrie sie ihn an und schmiss ihn raus.

Die sprechende Wand

An einem gut besuchten Wochenende fielen acht wohlgenährte, stark angetrunkene Herren in lustiger Stimmung in unseren Club in der obersten Etage ein. Nachdem sie ihren Eintritt bezahlt hatten, quetschten sie sich allesamt in den Lift, wohl wissend, dass die geschlossene Kabine lediglich für sechs Personen vorgesehen war. Zulässiges Gesamtgewicht: 500 Kilo. Das hatten die Kerle eindeutig überschritten, sie legten mit Sicherheit mindestens 800 Kilo auf die Waage.

Ich bat sie eindringlich, die Belastung für den Aufzug zu reduzieren. »Hört mal, meine Herren, teilt euch bitte auf. Vier fahren zuerst und die anderen vier einige Minuten später!«, baten wir sie noch mal mit Nachdruck. Doch wir konnten gar nicht so schnell schauen, da hatten sie sich schon allesamt in den engen Aufzug gedrängt. Mit frechem Lachen und abfälligen Handbewegungen drückten sie auf die »11«, die Tür ging langsam zu, und der Aufzug setzte sich in Bewegung.

»Nun, wird schon gut gehen«, sagte ich mir und ging mit einem komischen Gefühl im Bauch wieder zurück an die Arbeit. Schließlich war genug zu tun an diesem hektischen Wochenende. Kurz darauf ging ich zu meinen Kollegen ins Laufhaus, um mich zu erkundigen, ob sie heute auch so stressige Gäste zu beklagen hatten.

Kaum hatte ich die Frage ausgesprochen, kam eine Farbige aus dem fünften Stock auf uns zugerannt. Sie war äußerst erregt, ihre Stimme überschlug sich. Aus ihrem starren Blick sprach blankes Entsetzen. Sie faselte in gebrochenem Deutsch etwas von Voodoo-Zauberei: »Das ganze Haus verhext!« Sie beteuerte, auf ihrem Gang Stimmen gehört zu haben, aber niemanden zu sehen. »Die Wände, sie sprechen ...« Ich nahm mich der Dame und der angeblichen Hexerei an.

Auf der fünften Etage angekommen, ahnte ich schon Böses, als die Dame in Richtung Spiegel am Ende des Ganges deutete. Schlagartig fiel mir ein, dass sich hinter dieser mit Rigips verkleideten Spiegelwand der Fahrstuhlschacht befand. »Dahinter steckt bestimmt die Saufkumpanei«, schoss es mir wie ein Blitz durch den Kopf. Keine Zauberei, sondern übergewichtige Herren auf dem Weg in die elfte Etage und auf halber Strecke hängen geblieben. In deren Haut wollte ich in diesem Moment ganz und gar nicht stecken. Zusammengepfercht in dieser stickigen Kabine mit extrem wenig Sauerstoff. Nach dem miesen Verhalten der Herren empfand ich aber auch etwas Genugtuung, als ich nach unten lief (oder bin ich vielleicht doch geschlendert?), versuchte die Fahrstuhltür etwas zu öffnen und durch den engen Schacht beruhigend auf sie einzureden. Damit sie mich überhaupt verstehen konnten, musste ich schreien. Der Hausmeister versuchte kurz darauf, per Handkurbel den Aufzug nach unten zu befördern. Der Versuch scheiterte, denn die Gondel bewegte sich kaum. Die Trunkenbolde schienen kurz vor dem Kollaps zu stehen.

Wir beschlossen, kurzen Prozess zu machen, schnappten uns mächtige Vorschlaghämmer aus der Werkstatt im Keller und marschierten auf die fünfte Etage. Wir zögerten keine Sekunde, schlugen Spiegel und Rigipswand ein, brachen in den Fahrstuhlschacht ein und zogen die verschwitzten, halb ohnmächtigen, nach Luft japsenden Typen heraus, einen nach dem anderen. Nach fast dreistündigem Aufenthalt in der engen Zelle mit äußerst begrenztem Sauerstoff wollten sie nur noch eines: raus an die frische Luft!

Da war der Voodoo-Zauber vorbei!

Typisch Panzerknacker!

Nach einer wilden Karnevalsparty in der Kölner Südstadt bekamen wir Besuch von vier wohlbeleibten Urkölnern. Dachten wir jedenfalls. Die Jungs waren als Panzerknacker verkleidet, mit rotem Shirt und einer Nummer drauf. Sie stürmten ins Bordell und standen witzelnd bei mir vor dem Tresen. Schon beim Einlass geizten sie nicht mit lustigen Sprüchen und unterhielten den ganzen Laden mit lautem Gesang, Kalauern und unkoordinierten Tanzeinlagen. Im Bordell floss der Schampus dann in Strömen, das Trinkgeld auch. Grüne, rote, braune Scheine wirbelten durch die Luft wie bei einer amerikanischen Konfettiparade nach erfolgreicher Mondlandung.

Hatten sie vielleicht doch eine Bank ausgeraubt? Als die Stimmung auf dem Höhepunkt war, sammelten die verkleideten Jungs zwölf Lustdamen ein und verschwanden für mehrere Stunden im eigens für solche Zwecke eingerichteten Orgien- und Gang-Bang-Zimmer, in dem ein überdimensionaler Bildschirm an der Wand hing. Zur Stimulierung und Inspiration für neue Stellungen liefen dort die üblichen Pornos. Nachdem sich die Panzerknacker ihrer Kostüme entledigt hatten – die Masken und Mützen behielten sie merkwürdigerweise an –, scharten sie die Damen um sich und begannen, sie mit dicken Geldbündeln zu bewerfen. Die in frivolen Positionen hockenden Huren jauchzten und schrien vor Freude, sollten doch die großen Scheinchen für den Rest der Nacht ausreichen und jegliche Form von Extraservice einschließen: von Analverkehr über Aufnahme bis Natursekt und Lesbenspielchen.

Nach einer durchzechten, durchgefickten Nacht verabschiedete sich die wilde Bande in ihren lustigen Verkleidungen, gezeichnet von den aufreibenden Stunden, aber mit einem gelösten Lächeln auf den Lippen.

Nachdem die Damen ausgeschlafen hatten, machten sie sich freudestrahlend und erwartungsvoll auf den Weg zur Bank, um ihren hart erarbeiteten Liebeslohn einzuzahlen. Haufenweise landeten die Scheine auf dem Tresen, doch der Bankangestellte machte ihnen nach kurzer Prüfung mit Kennerblick einen Strich durch die Rechnung: »Es tut mir sehr leid, aber die Scheine sind nicht echt, es handelt sich ausnahmslos um Falschgeld!« Der bloße Gedanke, sich für diese wertlosen Blüten so ausufernd hingegeben zu haben, löste bei einigen Damen hysterische Kreischanfälle aus. Noch viele Monate später durfte niemand sie auf den Vorfall ansprechen. Die Erinnerung daran sorgte für dermaßen üble Laune, dass sie für den Rest des Abends nicht mehr zu gebrauchen waren.

La vita è bella – auch ohne Sex

Ein schick gekleideter, eitler Mittelmeer-Gockel hatte sich während der Herrenmodemesse im hauseigenen Pascha-Hotel eingenistet. Die Hoteletage verfügt über einen speziellen Service, der sogar eine Fünf-Sterne-Herberge in den

Schatten stellt. Der Gigolo sammelte sich aus dem gesamten Haus acht der Schönsten zusammen. Eine attraktiver als die andere, denn guten Geschmack hatte er, der eitle Pfau.

Die acht Sexbomben sollten sich in seinem edel eingerichteten Zimmer mit Kingsize-Bett um ihn herum versammeln. Er dimmte das Licht so, dass die Lampen nur noch ihn beleuchteten. Nachdem er die Damen für zwei Stunden bezahlt hatte, gab er ihnen eine besondere Aufgabe: »Stellt euch vor, ihr befindet euch in einer überfüllten Großraumdiskothek, in der überaus attraktive Gäste tanzen und feiern.« Die Mädels lauschten mit großen Ohren den Worten des Freiers. »Und dann betrete ich die Tanzfläche«, führte er seine Phantasieerzählung fort: »Ihr seid von meinem Anblick derart entzückt, dass ihr kein Auge mehr von mir lassen könnt. Ihr spürt heißes Verlangen und wollt euch mir sofort hingeben!« Die Mädchen schauten sich an, begannen zu kichern. Meinte der Typ das wirklich ernst?

Doch er ging noch weiter: »Wer seine Leidenschaft für mich am glaubwürdigsten zum Ausdruck bringt, der bekommt ein großzügiges Extra-Trinkgeld!« Die Lustdamen nickten und legten sich alle mächtig ins Zeug. Jede wollte den Bonus für sich gewinnen. Sie stellten sich aufreizend in Pose. Derweil schwebte der Gockel durch den Raum, blieb schließlich stehen und schaute selbstverliebt an sich herunter und auf die Damen, die sich nun an seinen Körper schmiegten, schnurrten und fiepten. Sie streichelten ihn zärtlich, bereicherten das Schauspiel mit wollüstigen Lauten und buhlten jede für sich um die Aufmerksamkeit des arroganten Hahnes im Korb. Der stieß die Damen jedoch plötzlich angewidert von sich, schrie sie mit obszön klingenden Schimpfwörtern an. Immer und immer wieder. Er wiederholte dasselbe Prozedere zwei Stunden lang, ohne sexuelle Handlungen zu verlangen. Nach Ablauf der Zeit verteilte er großzügig Trinkgeld, die Damen verließen kopfschüttelnd das Zimmer, und der Casanova legte sich schlafen.

Auge um Auge?

Eine der abscheulichsten Geschichten, die sich in diesem Milieu je abgespielt hat, geschah an einem Abend im Herbst. Ein schmächtiger ehemaliger Kindersoldat aus Sierra Leone hatte unser Etablissement mit dem festen Vorsatz betreten, eine Straftat zu begehen. So wollte er der bevorstehenden Abschiebung am nächsten Tag entgehen. Er war gerade achtzehn Jahre alt geworden, ärmlich gekleidet und sah äußerst blass um die Nasenspitze aus. Der Junge entschied sich im Laufhaus für ein blutjunges hübsches Mädchen, das gerade erst bei uns eingecheckt hatte. Da sie noch nicht lange in ihrem Job arbeitete, war ihr die Unsicherheit anzumerken. Sie war sehr zierlich, fast zerbrechlich, hatte eine kindliche Figur, die ihre Schüchternheit und Unerfahrenheit noch unterstrich. Ein fleißiges, junges Ding mit vielen Träumen und Wünschen.

Im Zimmer angekommen, fackelte der 18-Jährige nicht lange, zog eiskalt ein langes Messer aus seiner Tasche und rammte es dem entsetzten Mädchen tief in den Hals. Aus der Wunde schoss eine riesige Fontäne Blut, während die Arme auf den Flur rannte und dort zusammenbrach.

Der Täter ließ die blutige Waffe fallen, setzte sich seelenruhig auf das Bett und wartete geduldig auf seine Festnahme. Was er nicht eingeplant hatte, als er sich das wehrlose Opfer für seine grauenhafte Tat aussuchte, war das Eingreifen der anwesenden Freier. Nachdem das Mädchen notdürftig behandelt worden war, traten sie mit versteinerten Mienen in das Zimmer und schlossen die Tür hinter sich.

Was sollten sie mit diesem Typen machen, mit dem es das Leben sicherlich auch nicht gut gemeint hatte? Gab es überhaupt eine Rechtfertigung für eine solche Tat? Die Herren schäumten vor Wut. Sollten sie einfach das Fenster öffnen und ihn aus dem fünften Stock werfen? Oder so lange auf ihn einschlagen, bis sich seine verteufelte Seele aus dem Körper verabschiedete? Keiner der Anwesenden konnte einen klaren Gedanken fassen, aber so viel sei verraten: Sie waren nicht zimperlich, gingen aber auch nicht bis zum Äußersten. Als Polizei und Feuerwehr eintrafen, wurde zunächst der um sein Leben wimmernde Asylant gerettet. Seine Rechnung schien aufzugehen, den Rest seines Lebens sollte er im Gelobten Land verbringen – gefesselt an einen Rollstuhl. Das Mädchen überlebte die blutige Tat und verließ das Milieu.

Finaler Glücksrausch

Manchmal kommt es vor, dass Freier das Freudenhaus nicht auf zwei Beinen verlassen, sondern horizontal. Auf einer Bahre. Mit einem Tuch über dem Kopf.

Was für ein großes Glück diese Herren doch haben, dass die Totenstarre nicht unmittelbar eintritt. Das wäre aber auch ein skurriler Anblick: von der letzten Tour durchs Lusthaus mit einem Zirkuszelt über den Lenden auf die Bahre. Obwohl, es gibt zweifelsohne viel schlimmere Formen des Ablebens. Die letzten Sekunden seines Lebens zwischen den heißen Schenkeln einer Liebesdienerin verbringen, ganz ohne Leid und Schmerz – und plötzlich wird während der schönsten Sache der Welt der Stecker gezogen. Das ist irgendwie auch beneidenswert.

Meist liegt es daran, dass sich ein Freier mächtig überschätzt hat. Wenn die Pumpe nicht richtig arbeitet, das Leistungsvermögen nachlässt und der Mann es der Professionellen trotzdem zeigen will, dann greift er schnell mal zu potenzsteigernden Mittelchen, denkt dabei jedoch gar nicht an die psychischen Spätfolgen für die Damen, die es ja auch erst einmal verarbeiten müssen, wenn zwischen ihren Beinen einer den Löffel abgibt.

So erging es zum Beispiel einer hübschen Rumänin, die erst seit Kurzem bei uns arbeitete. An einem Freitagnachmittag betrat eine Gruppe junger, gut gekleideter Typen das Pascha. Etwas später ertönte der Alarm aus dem Zimmer der Rumänin. Als die Jungs von der Aufsicht hineinstürmten, staunten sie nicht schlecht: Die nackte Hure rannte völlig aufgelöst im Zimmer hin und her, weil ihr dunkelhaariger

Freier – einer aus der eben erwähnten Gruppe – regungslos mit aufgerissenen Augen im Bett lag. »Der ist zwischen meinen Beinen gestorben, während er in mir drin war. Der Tod hat mich gefickt!«

Tatsächlich hatte es den jungen Freier mit nur 22 Jahren dahingerafft. Das Delikate an der Geschichte war, dass der Junge erst ein paar Stunden zuvor geheiratet hatte. Während die Familie und deren Freunde und Verwandte den schönsten Tag des Hochzeitspaares feierten, hatte sich der Bräutigam mit seinen Freunden davongeschlichen, um in unserem Bordell die Sau rauszulassen.

Nun dieses Dilemma. Eine große Schande würde über beide Familien hereinbrechen, wenn bekannt werden sollte, dass einige Stunden nach der Vermählung der Bräutigam zwischen den Schenkeln einer Hure den Löffel abgegeben hatte. Die Freunde in ihren Smokings standen mit gesenkten Häuptern vor uns und baten uns um die Herausgabe des Leichnams, damit sie ihren Freund in ein Taxi schleppen könnten. So könnten sie einen natürlichen Ort für einen Herzinfarkt vortäuschen. Doch der Manager machte dem Ansinnen einen Strich durch die Rechnung und erklärte den Jungs, die Leiche bleibe, wo sie liege, da die Polizei schon informiert sei. Mit entsetztem Gesichtsausdruck und riesigen Schuldgefühlen verließen sie unser Haus.

Zwergenaufstand im Maharadscha-Club

Damals vor vielen Jahren, noch zu Zeiten des Maha-Radja-Clubs in Köln, klingelte es, so erzählte mir vor Kurzem die

damalige Hausdame, eines Vormittags an der Eingangs-
pforte. Die besagte Hausdame öffnete voller Vorfreude und
blickte neugierig nach draußen. Doch sie sah nichts, keiner
da. Fluchend über die Schulkinder, die sich wohl wieder
einmal einen Klingelstreich erlaubt hatten, warf sie die Tür
aufgebracht ins Schloss.

Nach einer weiteren Klingelattacke riss sie blitzschnell
die Pforte auf – in froher Erwartung, die frechen Laus-
buben endlich zu erwischen und ihnen eine zu watschen.
Doch wieder blickte die forsche Dame ins Leere. Sie wollte
gerade die Türe schließen, da vernahm sie eine helle Piepsstimme. Ihr Blick wanderte nach unten – vor ihr stand ein
Mann, der ihr gerade mal bis zum Knie reichte und mit ver-
schmitztem Blick fragte: »Ist schon was los, da drinnen?«
Überrascht suchte sie nach der passenden Antwort, stotterte, druckste herum. Sie hatte ja schon viel erlebt und
gesehen, aber dieser Kleinwüchsige überforderte selbst sie
ein wenig. Sie fragte sich insgeheim, ob es diskriminierend
wäre, ihn nach seinem Ausweis zu fragen? Ob er dem Programm der Damen überhaupt gewachsen sein würde?

Nur nach langem Zögern gewährte ihm die Hausdame Eintritt. Er zahlte brav und bat um einen Bademantel.
Natürlich gab es im ganzen Haus keinen, der ihm gepasst
hätte. Auf Kindergrößen waren sie nicht vorbereitet. Auch
in ein normales Badetuch gehüllt, wäre der winzige Freier
vermutlich verschwunden.

Bis eine der Damen eine geniale Idee hatte: »Gebt ihm
doch die Handtücher aus der Gästetoilette!« Gesagt, ge-
tan. Der Zwerg wickelte ein kleines Frotteetuch um seine
schmalen Hüften und strahlte wie ein Glühwürmchen. Im
Gegensatz zu seinen sonstigen Gliedmaßen war der Gnom

in seiner Männlichkeit sehr gut bestückt. Daher kam also sein ausgewachsenes Selbstbewusstsein. Denn an der Bar angekommen, marschierte er schnurstracks auf die attraktivste Dame zu, gefühlt einen Meter größer als er. Mit seiner zu einem einzigen Klumpen verkrüppelten Hand tippte er der langbeinigen Schönheit auf die Wade und fragte mit hellem Stimmchen: »Ey, du, hast du Lust?« Die Blondine schaute in die Runde, ihre Kolleginnen wandten sich kichernd ab. »Na dann, viel Spaß«, frotzelten sie fies. »Ihr Fotzen«, dachte sich die Auserwählte, »euch werde ich schon zeigen, was eine Professionelle ist!«

Der kleine Mann wartete geduldig und voller Vorfreude auf das, was nun folgen sollte. »Na dann mal los, mein Kleiner!« Sie packte ihn am Schopf und ging mit ihm eine Etage höher. Im Zimmer angekommen, fackelte sie nicht lange, schmiss den nackten Zwerg aufs Bett und nahm rittlings auf ihm Platz. Sie konnte es nicht fassen, welch riesiges Gemächt sich zwischen seinen Beinen aufrichtete. »Na, was haben wir denn da? Das kann sich aber sehen lassen!« Sie machte ein paar gekonnte Stöße und schaute in sein hochrot angelaufenes Gesicht. Beim Blick nach hinten verging ihr allerdings jegliche Lust. Denn gleich hinter ihrem Po endeten seine kurzen Beinchen, und sie sah seine Füßchen erregt gegen ihren Arsch strampeln. Abgeturnt von diesem Anblick, stieg sie wieder ab, sprang aus dem Liebesnest und warf ihm die vorab hingeblätterten Scheine auf den winzigen Leib.

Wie ein wild gewordener Derwisch sprang der Freier wutentbrannt in seine Klamotten und brüllte durchs Treppenhaus: »Es ist doch immer dasselbe! Ihr seid alles nur billige Huren. Euch werde ich's noch zeigen!« Das erboste

Rumpelstilzchen verließ fluchend das Etablissement und ward nie mehr gesehen.

»Hast du schon mal 'nem Schwatten beim Ficken zugeschaut?«

Nicht jeder Gast bringt einen Besuch im Freudenhaus ganz und gar unbeschädigt hinter sich. Es kann schon mal vorkommen, dass dem einen oder anderen der übermäßige Alkoholkonsum und die Anwesenheit der schönen Damen mächtig zu Kopf steigt und er die Kontrolle über seinen Drang nach Profilierung verliert.

So erging es auch eines Abends einem stadtbekannten Kneipenmusiker, der seine gesamte Tagesgage bei uns versoffen und verfickt hatte. Mit ordinären Sprüchen und lauthals singend, verließ er den Club: »Ey, weg da, ihr Pisser, jetzt komm ich!« Er schlug wild um sich und wankte die Treppen hinunter.

Ihm kam eine Gruppe bestens gelaunter Russen entgegen. Einfach so aus dem Nichts fragte er den Ersten, ob er schon einmal einem »Blackman« beim Ficken zugeschaut habe. Der Russe verdrehte die Augen, schüttelte den Kopf und ging einfach weiter, als hätte er nichts gehört.

Der Musikant aber ließ nicht locker, war offensichtlich auf Streit aus. »Ey, du, isch hab disch was jefragt!«, raunte er in breitestem Kölsch. »Hast du schon mal 'nen Schwatten ficken gesehen?« Das war zu viel für den piekfeinen Russen. Ihm platzte der Kragen, sein Gesicht lief rubinrot an. Hätten ihn seine Kumpels nicht zurückgehalten, so wäre ein übles Blutbad nicht zu vermeiden gewesen. »Ich bin nicht schwul«, schrie er und packte den Musiker am Schopf. Er habe auch nicht vor, anderen beim Sex zuzuschauen.

»Schade, dann solltest du mal eine halbe Stunde früher nach Hause kommen!« Der kölsche Musiker lachte schallend, haute sich auf die Schenkel und fand seinen Spruch einfach nur komisch. Der russische Gast verstand diesen Spaß aber ganz und gar nicht, ging mit aufgerissenen Augen auf ihn zu, zog eine Pistole aus der Jackentasche und zielte auf den Komiker. »Du Bastard!«, schrie er mit bebender Stimme. Blitzschnell waren unsere Sicherheitsjungs zur Stelle, entschärften die Situation und sicherten die Waffe. Die russischen Freunde nahmen ihren hitzigen Freund in Gewahrsam und konnten eine Hinrichtung gerade noch verhindern.

Den Letzten beißen die Hunde

An einem kühlen Winterabend wartete ich in einer altbackenen Kitzelbude auf meinen Kumpel Manni, einen stadtbekannten Vollfreier, der noch nie eine Freundin oder Frau gehabt hatte und nur im Puff verkehrte. An der Bar sitzend bei einem Bierchen, hatte ich einen wunderbaren Blick auf den Bildschirm, der den Eingang der verruchten Lokalität zeigte.

Als es plötzlich klingelte, schrie die Bardame: »Los, Mädels, die Karten mit den Messepreisen auf den Tisch, Zack, zack, der Manni steht vor der Tür!« In Windeseile wurden die Getränkekarten auf den Tischen ausgetauscht. Sichtlich erstaunt, schaute die Bardame, als sich der Manni ausgerechnet zu mir gesellte, auf meine Schulter klopfte und mich freundschaftlich begrüßte. »Ey, Alter, dat hier is der Hans und dat der Salva«, stellte er seine Freunde im Schlepptau vor, die wie zwei echte Schlitzohren wirkten. »Heute machen wir einen drauf! Wo is dat Personal?« Ein heißes Mädel gesellte sich zu uns, und so war die amüsante Runde perfekt. Die typische Siebziger-Jahre-Atmosphäre, die dieser Schuppen ausstrahlte, tat sein Übriges. Die bordeauxrot und rosa gestreiften Seidentapeten, die blutroten Samtvorhänge und die vielen glänzenden Bronzestatuen in allen möglichen Sexstellungen heizten die Stimmung auf und machten Lust darauf, die nächste halb nackte Dame am Nacken zu packen und ihr seinen harten Schwanz in den Schlund zu stecken. Genau so erging es auch den drei Fummelbrüdern, die mittlerweile gemeinsam an nur einer Dirne herumschraubten. Nach kurzer Überredungsarbeit mit dem Hinweis darauf, wie effektiv es doch sei, gleich drei Freier auf einmal zu beglücken statt alle nacheinander, verschwand die Schönheit mit ihrem lüsternen Gefolge auf einem der Zimmer. Ich verweilte an der Bar, bis die zwei Jungs Hans und Salva wieder zu mir stießen und mit geschwollener Brust berichteten, was für geile Ficker sie doch seien.

»Und dann hat uns die geile Muschi bestiegen, alles ohne Gummi. Die Alte hat es echt drauf. 'n sattes Trinkgeld war uns das natürlich schon wert!« Kurze Zeit später stand auch unser angetrunkener Vollfreier wieder an der Bar und prahlte, ohne Luft zu holen, wie glücklich er gewesen sei, endlich mit der Braut allein zu sein: »Mann, hatte die Monstertitten! Ich hab die voll gemolken!« Sein großkotziges Angeben sollte ihm bald im Halse stecken bleiben. »Ey, die stand voll auf mich. Wat meint ihr, wie schön nass die war, als ich sie geleckt habe!?« Hans und Salva konnten sich vor Lachen kaum noch auf den Beinen halten. »Ja, klar, Alter … wir haben uns ja auch beide kurz vor dir in ihr entladen – hat's geschmeckt?«

Auf den Schlüsseldienst ist Verlass – auf die Ehefrau auch!

Eine gute Bekannte aus der SM-Szene versuchte ihr Glück in der ländlichen Provinz, in irgendeinem Puff im Schwabenland, wo sich folgende Geschichte abspielte:

Ein etwas in die Jahre gekommener Vogel, der auf Szene-Typ machte, schlenderte in das Zimmer meiner Bekannten. Seine blond gefärbten Haare fielen ihm lang über den Rücken. Der Stoppelschnäuzer und die hochgekrempelten Ärmel seines Ledersakkos verliehen ihm den Charme eines billigen Möchtegern-Dandys, und mit seinen fünf Zentimeter hohen Stiefeletten wollte er nicht vorhandene Größe vorgaukeln. Im Zimmer inspizierte er zunächst den aufwendigen Wandschmuck. Mehrere Peitschen und Ruten hingen fein säuberlich, nach Größen geordnet, neben einem in Leder gewickelten Andreaskreuz, an dessen Ecken Ösen befestigt waren, um die Freier mit Handschellen festzuschnallen. Solche Kreuze kann man in jedem SM-Shop kaufen. Ein Stahlkäfig und eine Streckbank komplettierten das Folterkammer-Ambiente.

Durch sein Lederoutfit vom Scheitel bis zur Fußsohle sah der Möchtegern-Dandy zwar ganz danach aus, allerdings war er im Sadomaso-Land so gar nicht zu Hause. Trotzdem fühlte er sich angeregt und stimmte neugierig einer Einführungsstunde zu. »Kann vielleicht nicht schaden, wenn mir auch mal jemand kräftig den Arsch versohlt. Jeden Tag mache ich meine Angestellten zur Sau und trete sie mit Füßen!«

Selten hatte die Domina einen Freier so offen und ehrlich über sich reden hören.

Lady Love ließ sich nicht lange bitten. In Windeseile fesselte sie die schnauzbärtige »SM-Jungfrau« ans lederne Andreaskreuz, als plötzlich eine Kollegin ins Zimmer platzte und nach irgendwelchen Gegenständen fragte, die sie unbedingt ausleihen müsse. Domina und Herr Pferdeschwanz pausierten, und die Zofe durfte das Zimmer durchwühlen. Angeheizt von der kurzen Unterbrechung, zog die Domina ihre schwarzen Lackstiefel noch einmal straff, hoch übers

Knie, und widmete sich wieder ihrem erwartungsvollen Knecht. Zunächst griff sie nach einer Rute und bearbeitete seine Oberschenkel mit leichten Hieben. Beim Versuch, ihn vom SM-Kreuz auf die Streckbank zu befördern, fiel ihr plötzlich auf, dass in dem Durcheinander, das die Kollegin hinterlassen hatte, die Schlüssel für die Schlösser des Kreuzes abhandengekommen waren. Die Domina durchsuchte den gesamten Raum – erfolglos. In Hektik und Sorge, wie sie den Möchtegern-Dandy nun wieder vom Kreuz bekommen sollte, musste sie sich jetzt auch noch dessen sarkastische Sprüche gefallen lassen: »Du unfähige Nutte! Wenn jemand in meinem Betrieb so dilettantisch arbeiten würde, hätte ich ihn längst vom Hof gejagt!«

Es half nichts: Lady Love griff zum Handy und wählte die Nummer des Schlüsseldienstes. Nicht einmal zwanzig Minuten später stand eine kräftige Rothaarige im Blaumann in der Tür und inspizierte den Ort des Geschehens. Sie traute ihren Augen nicht, als sie sah, wer da in Ketten hing und wimmerte. »Du verdammter Hurenbock, du mieses Schwein!«, schrie sie außer sich vor Empörung. »Was fällt dir ein, mich dermaßen zu demütigen? Na warte, das hast du nicht umsonst gemacht!«

Die dralle Rothaarige entpuppte sich als die Ehefrau des langen Blonden, des Chefs des Schlüsseldienstes. Auch die Kolleginnen, die durch das lautstarke Geschrei angelockt wurden, konnten die wutentbrannte Ehefrau nicht davon abhalten, auf ihren Mann einzudreschen. Zur Strafe wollte sie es ihm so richtig besorgen. Und damit er sich nicht wehren konnte, ließ sie ihn am Kreuz hängen. Die dicksten Knüppel, Ruten und Dildos landeten mit voller Wucht auf seinem Kopf. Ein erbärmlicher Anblick, aber die zur Hilfe gerufenen Security-Männer winkten ab: »Die Suppe hat er sich selber eingebrockt. Da mischen wir uns nicht ein, das soll die Polizei klären!«

Und so verging sich die gehörnte Ehefrau endlose Minuten an ihrem hilflosen Ehemann, knüppelte mit aller Kraft auf ihn ein, bis endlich die zur Hilfe gerufenen Beamten eintrafen und ihn aus seinem Martyrium befreiten. Selbst die SM-Ladys hatten noch nie so ein Massaker erlebt. Und auch der blonde Dandy hatte sich seine SM-Einführung wohl etwas anders vorgestellt.

Taxi-Parasiten

Die widerlichste Sorte Mensch, die unsere Puffs aufsucht, ist die der Taxifahrer. Sie haben sich darauf spezialisiert, eine Provision abzugreifen, die sich von Club zu Club unterscheidet und wie eine Art Kopfgeld pro Gast gezahlt wird. Die Höhe hängt davon ab, was gerade so los ist in der Stadt. Messen, Kongresse, Sportevents, Filmpremieren oder Karnevalsveranstaltungen lassen die Prämien in schwindelerregende Höhe schnellen.

Im Grunde genommen sind die Clubbetreiber selbst schuld, sie müssten diese Spielchen ja nicht mitspielen. Allerdings werden sie von der raffgierigen Zunft geradezu genötigt, die Prämie jedes Mal auszuzahlen – selbst dann, wenn die Gäste durch die vielfältigen Werbemaßnahmen und nicht durch den Tipp eines Taxifahrers angelockt worden sind. Diese Taxiratten verdienen doch schon durch ihren Job, womit haben sie sich einen Extra-Zuschlag verdient? Aber alle spielen mit. Denn wer nicht zahlt, wird bestraft: »Ich zeig's euch, kein Kollege wird deinen Club mehr anfahren!«

Sie drohen sogar mit Rufmord: »Wir werden sagen, dass bei euch ständig Razzien die Gäste stören oder die Huren voller Tripper und Chlamydien sind.« Auch am Taxistand vor den Bordellen wartet immer dieselbe Mischpoke von Aasgeiern. Die Damen beschweren sich regelmäßig bei uns, fühlen sich bedrängt und durch üble Sprüche angemacht. Ein Klassiker: »Na, wie viele waren es denn heute? Ich kann auch die Uhr ausmachen, dann kannst du dir die Fahrt zwischen meinen Beinen verdienen!« Auch beliebt: »Brauchst du Schutz? Ab jetzt kann ich auf dich aufpassen.«

Auf den Blowjob verzichten die meisten der Huren, schließlich ist es *sein Job*, den Fahrgast zum gewünschten Ziel zu fahren. Und der Preis steht auf dem Taxameter.

Aufklärung

Es ist nicht zu vermeiden, dass hin und wieder irgendwelche Pseudo-Emanzen-Blätter über Zwangsprostitution und Menschenhandel schreiben. Leider tun sie das oft auf eine sehr naive und dilettantische Art und Weise. Kein Wunder dass viele Storys schlecht recherchiert sind und voller Widersprüche stecken. Kaum jemand traut sich, wirklich in die Tiefe zu gehen, die Abgründe der Prostitution aufzudecken und den Mädels wie ihren Freiern mal richtig auf den Zahn zu fühlen. Einige Journalistinnen meinen besonders schlau zu sein und heucheln Interesse, als Hure in unseren Etablissements arbeiten zu wollen. Sie informieren sich vorab auf üblen Internetseiten, lassen sich dann von uns auf den Gängen des Laufhauses herumführen, bekommen Einblick in die Zimmer, und schon meinen sie das Milieu mit all seinen Regeln, Gesetzen und Strukturen ausreichend zu kennen.

Natürlich findet »Sex-Sklaverei« hier und da noch statt, meist bei süd- oder osteuropäischen Einwanderern, die sowieso keinen respektvollen Umgang mit Frauen pflegen. Doch im Grunde genommen gehört der klassische Zuhälter und Lude zu einer aussterbenden Gattung, weil die Frauen immer selbstständiger und selbstbewusster werden und es längst kein Tabu mehr ist, aus der Reihe tanzende Luden der Polizei zu melden.

Allerdings sollte man unsere Branche genauso wenig beschönigen wie skandalisieren. So schrieb zum Beispiel die Redakteurin einer Frauenzeitschrift nach offenbar recht oberflächlicher Recherche Anfang 2013 einen achtseitigen »Werbeprospekt« über »eines der größten Bordelle Europas« – und blendete dabei die dunklen Seiten des Rotlicht-Geschäfts in Deutschland völlig aus. Statt kritisch zu beleuchten, was wirklich im Milieu abgeht, beschrieb sie das Haus als eine Art »Wellnesstempel« mit Fitnessstudio, Solarium, Friseur und Boutique »... inklusive Arbeitsplatzgarantie für freundliches Sicherheitspersonal«. In Teilen trifft das sicher auf viele Betriebe zu, aber ein Bordell ist nun mal kein Nagelstudio, und hin und wieder zeigt sich auch die Kehrseite. Schließlich strömen in diesem Land Tag für Tag Zigtausend Männer in den Puff, trotz knallharter Preise, und keiner weiß wirklich, ob alle Huren freiwillig in den Bordellen arbeiten oder nicht. Also, liebe Journalisten, macht es euch nicht zu einfach! Nur wer unser Geschäft wirklich kennt, kann es sich erlauben, darüber zu urteilen.

Ausgetrickst!

Eine wundersame Geschichte ereignete sich in unserem Club, zu dem man eigentlich nur mit dem Aufzug gelangen kann, nachdem der Eintritt an der Rezeption bezahlt worden ist. Nur ortskundigen Angestellten ist der Notausgang über die Treppe bekannt, und auch zu der gelangt nur, wer vorher die Sicherheitsschleuse im Laufhaus passiert hat.

Eines Abends saß ich nichts ahnend an der Rezeption, als die Hausdame anrief und mir aufgeregt berichtete, im Whirlpool vergnüge sich ein fremdes Pärchen, das dort garantiert nichts zu suchen habe. Das konnte ich überhaupt nicht glauben: »Moment mal, das heißt ja, sie haben sich an meinem Pult vorbeigeschlichen!«

Schnell machte ich mich auf den Weg, um mir persönlich ein Bild zu machen. Tatsächlich fand ich die beiden in eindeutiger Stellung – er besorgte es ihr gerad so richtig schön von hinten. Ihr Geschrei und Gestöhne drang bis auf den Flur. Während ich mich neben dem unerwünschten Pärchen postierte und dem wilden Treiben durchaus vergnügt zuschaute, schreckte der Typ plötzlich hoch und sprang auf. Oder besser von ihr runter! Er flehte mich an, ihm nur noch zwei Minuten zu geben, um sich endlich zu erleichtern. Gönnerhaft nickte ich und verließ den Raum, aber nicht ohne das Versprechen einzufordern, mir später genau zu verraten, wie die beiden sich an mir vorbeigeschlichen hatten. Nach einigen Minuten, die ich auf und ab laufend und schmunzelnd auf dem Gang verbracht hatte, streckte ich meinen Kopf wieder in die Liebesgrotte und fand nur einen menschenleeren Raum vor. Es war ihnen tatsächlich gelungen, mich ein zweites Mal an der Nase herumzuführen und unentdeckt den Abflug zu machen. Hut ab!

Drei Monate im Keller des 20-Mille-Manns

Im Hurenmilieu drehte alle drei Monate ein Typ seine Runden, den man nur unter dem Pseudonym »Der 20-Mille-Mann« kannte.

Es war in einer dieser hellen Vollmondnächte, als er seine Klauen wieder ausfuhr und sich auf den Weg machte. Wie ein hungriger Wolf, der seine Beute sehr genau ortet, mit einem sicheren Gespür für das perfekte Lustopfer schlich er über die Flure des Lusttempels auf der Suche nach einer Sexgespielin. Blond musste sie sein, mindestens einen Meter siebzig groß, Konfektionsgröße 36. Und sie musste bereit sein, sich drei Tage hintereinander bei ihm zu Hause einschließen und dabei Abscheuliches über sich ergehen zu lassen.

Die Belohnung: 20.000 Euro cash! Die bevorstehenden 72 Stunden waren generalstabsmäßig vorbereitet, das Prozedere war immer das gleiche. Am Empfang hing eine maßgeschneiderte, hautenge schwarze Damenuniform, die die Blondine drei Tage nicht ausziehen durfte. Die Fenster waren verschlossen und abgedunkelt, das Licht gedämpft, und aus großen Lautsprecherboxen erklang ohrenbetäubend laute Marschmusik. Drogen aller Art standen unbegrenzt zur Verfügung. Sie sorgten dafür, dass der Gemütszustand mal nach oben, mal nach unten katapultiert wurde. Ein extremes Auf und Ab der Gefühle, das dem »20-Mille-Mann« mit seinem perversen Treiben gerade recht kam, da ihn das noch mehr anmachte.

Er schien vernarrt in Eva Braun zu sein, die Geliebte Hitlers, die seine Auserwählte darstellen sollte. Seine Spielchen waren abgründiger als für jeden normal Tickenden vorstellbar. Mal befahl er der Verkleideten, mit einem Skalpell Fetzen aus seiner Haut herauszuschneiden. Ein anderes Mal musste sie seinen Hodensack mit Reißzwecken auf einen Stuhl nageln, von dem er sich dann losriss. Die Schwelle des guten Geschmacks wurde aber spätestens dann überschritten, als er auf einem maßgefertigten Gynäkologenstuhl Platz nahm und sich eine Darmspülung verpassen ließ. Die ganze Sauerei spritzte auf den Boden, und er bestand darauf, die Fenster geschlossen zu halten. Beißender Gestank machte sich breit, untermalt von lauten Marschklängen.

Seine Eva musste verdammt viel ertragen für 20 Mille. Doch regelmäßig nach drei Monaten, wenn die Wölfe aufheulten und der Mond über der Stadt leuchtete, stand er wieder auf der Matte, um seine nächste Beute zu reißen. Und die Damen standen jedes Mal Schlange.

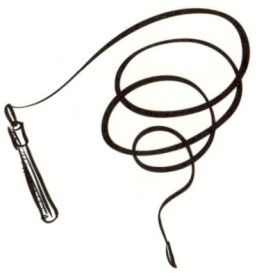

Miss Daisy gönnt sich was

Eine adlige Dame aus dem Düsseldorfer Umland stolperte, gut angesoffen, an den Tresen der Rezeption und bat höflich um Einlass. »Ich will mich endlich mal von einer Frau verwöhnen lassen!«, teilte sie uns divenhaft mit. Mein Chef, der zufällig am Tresen lehnte, war vom mutigen Auftritt der Adligen dermaßen angetan, dass er sie hineinließ, obwohl Frauen bei uns eigentlich nichts zu suchen haben.

Es sei denn, sie gehen einer Tätigkeit im horizontalen Gewerbe nach. An der Club-Bar im Penthouse angekommen,
stürzte sich die Mittfünfzigerin unverdrossen auf drei heiße Mietzen, nahm kein Blatt vor den Mund und erzählte
freigiebig von ihrem großen Verlangen: »Könnt ihr drei es
mir gleichzeitig besorgen? Aber so richtig?«

Die Alte war nicht zu bändigen, die Säfte schossen ihr
förmlich aus den Augen. Die aufgestylten Ladys waren zunächst etwas verwirrt. Aber da es so gut wie nichts gab, das
sie noch nicht erlebt hatten, waren sie bereit, sich auch auf
dieses sicherlich amüsante Abenteuer einzulassen. »Oder
habt ihr ein Problem damit, dass ich auch eine Muschi
habe, na, sagt schon!?«

Die Ladys verneinten und nahmen sie in ihre Mitte.
Um die etwas angespannte Stimmung zu lockern, griff die
Adlige erst einmal tief in die Tasche. »Schampus für alle«,
orderte sie in überheblichem Befehlston. Und dann prahlte
sie mit ihrer adligen Herkunft, von echten Königen stamme
sie ab, blaues Blut fließe durch ihre Adern.

Doch dann wurde sie kleinlaut: »Die rosigen Zeiten sind
vorüber. Es ist eben nicht alles Gold, was glänzt«, gestand
die Angesoffene. Dann gab es kein Halten mehr, und sie begann zu erzählen, was ihr auf der Seele brannte. »Die haben
mich alle total missverstanden, stecken mich einfach in die
geschlossene Psychiatrie. Was soll ich denn da? Ich hab's
nicht mehr ausgehalten, und bei einem Freigang ist es mir
gelungen, mich loszueisen ...«

Dabei lachte sie ungestüm und irgendwie durchgeknallt.
Niemand war sich mehr sicher, ob sie nun wirklich einen
Adelstitel trug oder diesen vielleicht nur gekauft oder er-
funden hatte. »Eine merkwürdige Erscheinung«, hatte ich

mir schon am Eingang gedacht. Besonders ihr eigenwilliger Klamottenstil war mir sofort aufgefallen. Kunterbunt durcheinandergewürfelte Kleidungsstücke aus verschiedenen Epochen deuteten darauf hin, dass sie einfach einen an der Klatsche haben musste. Ihr kalkweißer Teint und die Turmfrisur aus rubinroten Haaren taten ihr Übriges. Wahrscheinlich stand sie nicht nur unter Alkoholeinfluss, sondern hatte zusätzlich einen Pillencocktail eingeworfen. Denn Psycho-Pillen in Kombination mit sprudelndem Champagner verfehlen natürlich ihre Wirkung, man wird nicht ruhiggestellt, sondern ist total aufgedreht. Diese Diagnose passte genau auf unsere Adlige: Mitten im Satz wechselte sie vom einen zum anderen Thema, konfus und wirr laberte sie ununterbrochen schräges Zeug.

Unsere drei Huren standen Gewehr bei Fuß und gehorchten in Vorfreude auf deftige Trinkgelder: »Die Alte werden wir richtig melken!« Sie mussten alle ran. Die Adlige ließ sich erst an der Theke oral befriedigen, dann im Separee mit einem mächtigen Umschnallpimmel ordentlich wegputzen. Ihre Muschi wurde geschleckt, gesaugt und durchgefickt, ein Orgasmus folgte dem nächsten – bis eine Fontäne aus heißen Lustsäften aus ihr herausspritzte. Wollüstig schnappte sie sich die nächste Hure: »Komm schon, stopf mir alle Körperöffnungen ...!« Die Hure tat, was von ihr verlangt wurde, nahm den Gummiknüppel und rammte ihn der Adligen zuerst in die triefende Möse, dann tief hinein in den zur Schau gestellten saftigen Arsch. Sie stöhnte laut und ungebändigt, schien nicht genug zu kriegen. Kurz vor der Ohnmacht, ließ sie sich wie ein nasser Lappen in die plüschigen Kissen fallen, leise wimmernd über die »schlechte Welt« und darüber, dass einfach niemand sie verstehen wolle. Was für ein mieses Klagelied, nachdem sie soeben wahrscheinlich den besten Sex ihres verpfuschten Lebens erlebt hatte.

Die Liebesdienerinnen ließen sie dann auch allein im seufzenden Selbstmitleid und freuten sich maßlos über die vielen Extrascheinchen.

Elf Freunde auf dem Weg nach unten

Vier Jahrzehnte lang war ich treuer und fanatischer Anhänger eines Kölner Traditionsvereins. Aber in den vergangenen Jahren hat es mir mein liebster Sportclub wirklich nicht leicht gemacht, meine Fahnentreue aufrechtzuerhalten. Ständiges Auf- und Absteigen, miese Fehleinkäufe und grauenvolle Misswirtschaft trieben den Verein an den Rand des Ruins.

Kein Wunder, denn einige Spieler waren Stammkunden in unserem Kölner Etablissement. Jedes Mal meldeten sie sich telefonisch an, baten um Absperrung des Seiteneingangs, um unerkannt in den Lusttempel gelangen zu können. Nach ein paar Gläsern Alkohol schien die oberste Priorität »Sicherheit« nicht einmal mehr sekundär. Dank eisgekühlter Sprudelbrause aus Magnumflaschen marschierten die Profifußballer nun splitterfasernackt durch den Barbereich, bei vollem Betrieb! »Was für Versager!«, dachte ich mir und schämte mich für den peinlichen Auftritt der volltrunkenen Bande.

Doch ich musste den Spielern Einlass gewähren, schließlich waren sie erstklassige Kunden und ließen viel Geld im Club. Dass mein Chef Nürnberg-Fan war, spielte dabei keine Rolle. Nicht selten torkelten einige Spieler gegen acht Uhr morgens total besoffen aus dem Puff, obwohl sie zwei Stunden später beim Training fit auf dem Platz stehen sollten oder am Samstagnachmittag ein Spiel angesetzt war. Wenn der Trainer dann nur einen Hauch Durchsetzungsvermögen zeigte und die Versager auf die Bank schickte, war das Gejammer groß. Mein Mitleid bekamen sie nicht!

Es war ein Teufelskreis: Trost nach den vielen Niederlagen suchten die Fußballer bei unseren Huren, jeder auf seine ganz spezielle Art. Einer schleckte im abgesperrten Barbereich am liebsten zwischen zwei heißen schwarzen Schenkeln, ausgehungerter, als es Lassie jemals gewesen ist! Dabei knetete er sich kräftig seine Eier und seinen kleinen Zipfel, der beinahe zu platzen drohte.

Der Anblick auf den Monitoren ließ Übelkeit in mir hochsteigen, denn genau dieses unprofessionelle Verhalten der einstigen Leistungsträger meines Lieblingsclubs besiegelte den Abstieg. Kein einziges der letzten acht Saisonspiele wurde gewonnen, und so wanderte der einst traditionsreiche Verein erneut in die zweite Liga.

Einer der Profis trieb es besonders wild. In Netzhemd und Netzstrumpfhose kroch er den Damen schwanzwedelnd auf den Fluren hinterher wie eine läufige Hündin! Er war öfter bei uns im Puff zu sehen als auf dem Fußballplatz, obwohl er das Training in der Senkrechten dringender benötigt hätte. Für seine perversen Spielchen suchte er sich die Schönste der Schönen aus. Sie hatte schwarz glänzende, glatte Haare bis zum wohlgeformten Arsch und einen Körper wie aus dem Bilderbuch. Trotz eingängiger, nett gemeinter warnender Worte von den anderen Gästen – »Überleg dir das noch mal, Junge! Die reagiert etwas aggressiv, wenn du ihr Champagner gibst« – wollte er partout nicht hören, und so musste er fühlen.

Nach etwa zwei Stunden ungestörtem Liebesrausch und jeder Menge Schampus torkelten der Fußballprofi und seine Hure aus dem Fahrstuhl. Er sah aus wie ein begossener Pudel, reumütig hinter ihr hertrabend. Sie war splitternackt, nur eine Schampusflasche bedeckte ihre Muschi. Da stand sie nun mit ihrem makellosen Körper vor mir. Fluchend, um sich schlagend und richtig angesoffen lallte sie: »Dieser Kerl hat mir zwei Stunden Lebenszeit geraubt! Ein mieser Freier ist das!« Er hatte zwar drei Flaschen Champagner ausgegeben, aber für das Lustspiel wollte er keinen weiteren Cent auspacken. »Das kannst du ja mit deiner Provision für den Schampus verrechnen!«, schrie er sie respektlos an. »Was? Provision? Soll ich etwa mit der Flasche ficken?« Im gleichen Moment hob sie ihr rechtes Bein hoch und steckte sich den Flaschenkopf tief in ihre Möse. Aufgeschreckt von diesem unfassbaren Anblick, blieben selbst dem Profifußballer die Worte im Halse stecken. Stotternd kam es aus ihm heraus: »Die ist ja total irre!« Er rannte völlig verstört zum Ausgang. Die nackte Schönheit zog den Schampus aus ihrem heißen Schlund und lief ihrem Peiniger fluchend hinterher. Erst über den Parkplatz, dann quer über die Straße zum Taxistand. »Hurenbock! Zechpreller! Schlappschwanz!«, brüllte sie laut hinter ihm her, mit hoch erhobenen Händen und der Flasche in ihrer Hand, nackt, wie Gott sie erschaffen hatte. Man sollte sich wirklich vorher überlegen, ob man jemanden abfüllt, der sich dadurch in einen Kettensägenmörder verwandelt.

Zwei Monate lang wurden er und seine Fußballkollegen daraufhin nicht mehr in unserem Laden gesehen. Hätte unsere »Black Beauty« doch bloß einige Wochen früher ihren Ausraster gehabt. Vielleicht hätte sie den Club vor dem Abstieg bewahrt.

Anti-Aggressionstherapie gefällig?

Der Barde, einer meiner Kollegen aus dem Laufhaus, hatte seit einigen Wochen einen Typen im Visier, der ihm beim Rundgang im Tabledance-Club mehrmals durch sein überhebliches Verhalten aufgefallen war. Das Personal bestätigte die Vermutung: »Ein äußerst übler Zeitgenosse!«, »Ein ätzender Flegel!« – so und ähnlich beschwerten sich die Kollegen. Immer wieder legte das Ekelpaket seine dreckigen Schuhe auf den Tisch, spuckte Kaugummis und Zigaretten quer durch den Raum und verstieß gegen die oberste Regel: Er fummelte an den Tänzerinnen herum, während sie für andere Gäste einen »Private Dance« hinlegten. »Ey, ich lass hier genug Geld bei euch, nun regt euch mal ab!«, erwiderte er großkotzig, nachdem wir ihn einmal mehr ermahnt hatten.

Der Barde hatte seine eigene Strategie. Er legte sich auf die Lauer und wartete, bis sich der Rüpel wieder danebenbenahm. Da musste er gar nicht lange warten. Zunächst konnte der Barde beobachten, wie das Zielobjekt haufenweise Geldscheine auf die Bühne schmiss, während zwei Damen eine Lesbenshow vom Feinsten abzogen. Dann ging das beobachtete Objekt wiederholt auf unerlaubte Tuchfühlung, der Barde allerdings auch. Er holte weit aus und verpasste ihm eine schallende Ohrfeige, die im gesamten Nightclub zu hören war. Der Rüpel schüttelte sich kurz und verließ mit den Worten »Mit dir bin ich noch nicht fertig!« den Laden.

Tage später stand ich mit meinem Kollegen hinterm Tresen und beobachtete auf den Monitoren, wie der miese Typ, der dem Barden gedroht hatte, einen großen Gegenstand in Richtung Eingangstür schleppte. Er klebte einen Zettel auf das Paket und war genauso schnell verschwunden, wie er gekommen war. Eine Bombe wird sich darin schon nicht verbergen, sagten wir uns und hielten wenige Minuten später eine riesige Figur in unseren Händen. Als wir den Zettel lasen, brachen wir vor Entzücken fast zusammen. »Nehmen Sie sich bei Ihrem nächsten Wutausbruch die Boxpuppe vor, statt auf wehrlose Menschen einzuschlagen!« stand darauf.

Eine Anti-Aggressionstherapie für den Barden. Der konnte darüber nur müde lächeln.

Zu lange gerammelt: Der Borussenfan im FC-Mob

An einem Samstagnachmittag versammelte sich das gesamte Sicherheitspersonal im Bistro, dem Aufenthaltsraum für die Angestellten im Pascha, um gemeinsam das Bundesligaspiel 1. FC Köln gegen Borussia Mönchengladbach anzuschauen. Die Reibereien zwischen den beiden Clubs sind ja weit über die Landesgrenzen hinaus bekannt, und da wunderte es niemanden, dass an diesem Tag die vierzig eingefleischten FC-Fans im Bistro eine derbe Niederlage der Borussen erleben wollten.

Es war gerammelt voll. Der Rummel hatte noch einige Schaulustige angezogen, die wohl den Weg vom Laufhaus nicht direkt ins Stadion gefunden hatten. Unter ihnen war auch ein Gladbacher in kompletter Fanmontur: schwarz-grüner Fanschal, Mütze, durchgeschwitztes Trikot. Er war in einem der Zimmer hängen geblieben. Und nun grölte er, so laut er konnte: »Die Kölner können nach Hause gehen!« Tatsächlich verlor der 1. FC Köln 1:4 gegen seine Borussen, und mit jedem Tor für seine Mannschaft wurde der Gladbacher munterer. Er schrie, tobte, freute sich, verhöhnte die Kölner und machte hämische Witze: »Nach Hause gehen, ihr müsst nach Hause gehen ...« Selbst Anwesende, die nicht viel für Fußball übrighatten, fühlten sich durch das Gehabe des Borussen-Fans provoziert. Ein Mob aus wutschnaubenden Securitys und Luden scharrte sich um den tobenden Gladbacher, bis es ganz still im Raum wurde. Ein Hauch von Hinrichtungsatmosphäre lag in der Luft.

Kurz bevor sie über ihn herfallen konnten, zeigte der kleine, immer lustige Barmann sein großes Herz und schrie: »Stopp! Er hat eine Chance verdient!« Dann kramte er einen Würfel aus der Schublade und legte ihn vor dem Borussenfan auf die Theke. »Bei eins, zwei, drei, vier oder fünf hauen wir dir auf die Schnauze!« Aufgeschreckt und eingeschüchtert, mit weit aufgerissenen Augen und einem kleinen Fünkchen Hoffnung fragte der Herausgeforderte: »Und was ist bei sechs?«

»Dann darfst du noch einmal würfeln«, antwortete der Barmann freundlich. Riesengelächter schallte durch den Raum und entspannte die Situation. Der Borusse verzichtete aufs Würfeln, rannte nach draußen und kam unversehrt davon. Endlich war der 1.-FC-Köln-Mob wieder unter sich und konnte ungestört weiterfeiern, trotz Derby-Niederlage.

Nicht nur der Papagei lässt Federn

Eines schummrigen Abends staunte ich nicht schlecht, als ein Mann mit einem Papagei auf der Schulter um Einlass für sich und seinen gefiederten Freund bat. Haustiere sind im Puff eigentlich nicht gestattet, aber als der Vogel auch noch zu sprechen begann und mich zum Lachen brachte, drückte ich ein Auge zu. Dabei fiel mir die riesige Sporttasche auf, die der Freier unter seinen Arm geklemmt hatte. Ich bat, aus Sicherheitsgründen einen Blick in die Tasche werfen zu dürfen. Da wurde mir schnell klar, mit welch perversem Lüstling wir es hier zu tun hatten.

»Na, was haben wir denn da, Meister?« Handschellen mit roten Puscheln, riesige Dildos und jede Menge Klemmwerkzeug gehörten zu seiner Grundausstattung. Ich zog die linke Augenbraue hoch und ließ ihn eintreten.

An der Bar gewann er schnell die Aufmerksamkeit aller Anwesenden. Kein Wunder, bestand doch das Vokabular des Papageis ausschließlich aus Gossenjargon: »Mach's ihr!«, »Gib's der Pussy!«, »Ficken, Bumsen, Blasen – alles auf dem Rasen!«, »Vögel sie!« und diverse andere Sprüche sorgten für brüllendes Gelächter, während das Papageien-Herrchen bereits die Fährte einer willigen Dame aufgenommen hatte. Er schnappte sich die Blondine seines Verlangens, schulterte den Papagei sowie den Beutel voller Liebesspielzeug und verzog sich in eine der Suiten, die für solche besonderen Ansprüche extra eingerichtet worden waren.

Im Zimmer fackelte der Vogelfreund nicht lange, wollte er doch keine kostbare Zeit verschwenden. Also griff er zielsicher in seine Tasche, holte den mächtigen Umschnallpimmel aus schwarzem Leder heraus und drückte ihn seiner Liebesdame in die Hand: »So, den schnallst du dir jetzt um und rammst ihn mir zum Aufwärmen erst einmal kräftig in den Arsch!« In demütiger Hundestellung kniete er vor dem Bett und drückte seine Stirn in den flauschigen Teppich, während sie von hinten Maß nahm und den riesigen Kawenzmann in sein mit Vaseline eingekleistertes Hinterteil stieß. Immer wieder hämmerte sie den Lederpflog in seinen vibrierenden Anus, doch während dieser schweißtreibenden Arbeit verlor sie irgendwann den Rhythmus. Der Papagei. hatte sie aus dem Takt gebracht, denn nun konnte sie auch seine krächzenden Worte verstehen: »Fick sie, Lusche, fick sie!«

Nach stundenlanger, aufopfernder Ackerei kam die Althure, die schon einige Jahrzehnte auf dem Buckel hatte, total zerzaust und außer Puste zu mir an die Rezeption und hechelte: »Ich wusste gar nicht, wie anstrengend Ficken sein kann!«

Wetten, zocken, Geld verschenken

Mein spielfreudiger Chef, der dafür bekannt war, einer schwachsinnigen Wette eine noch schwachsinnigere Quote zu geben, war in volltrunkenem Zustand ein gern gesehener Partner in unseren Wettgemeinschaften, die ihre Netze durch das ganze Haus zogen. Alle Angestellten und einige wenige Stammgäste waren Teil der Gemeinde, aber die Huren durften nicht mitwetten, um jeglichem Ärger aus dem Weg zu gehen.

»Je durchgeknallter, desto besser«, war das Motto unseres Chefs, und so schlug er eines langweiligen Tages folgende Schuhwette vor: »Wem es gelingt, meine Schuhe durch die weit geöffneten Fenster der Bar zu schmeißen, der bekommt 6.000 Euro. Wer danebenwirft, muss 1.000 Euro zahlen! Deal?« Seine Schuhe hatten übrigens 700 Euro pro Stück gekostet. Eine echte Herausforderung für den Nüchternsten der Runde, der die Chance wahrnehmen musste, unser aller Gehalt für den Abend etwas aufzubessern.

Total nervös versuchte er sich zu konzentrieren, denn alle Augen waren auf ihn gerichtet – in der Hoffnung, dass er gleich den Scheißschuh durch das riesige Fenster werfen würde. Eher zaghaft als kräftig warf er den Schuh mit zittrigen Händen in die richtige Richtung, der Schuh berührte den Fensterrahmen, rollte nach draußen und fiel in die Tiefe. »Hurraa!«, schrie die jubelnde Meute und klatschte ausgelassen. »Ey, ich hab noch einen Schuh, Revanche!«, übertönte der Chef unseren Jubel. Unser Kollege holte nun selbstbewusst aus und schmiss den Schuh glatt durch die Mitte nach draußen. Wir fielen uns in die Arme, denn uns waren 6.000 Euro sicher. Wette gewonnen!

Dafür freute sich der Chef umso mehr, wenn wir mal eine todsichere Wette verloren. Wie beim Champions-League-Finale vor einigen Jahren. Mitte der Saison wettete er 10:1, dass die Bayern keinen einzigen Titel mehr holen würden, obwohl sie in allen drei Wettbewerben mit zu den Favoriten gehörten. Es kam, wie es kommen musste. Die Bayern waren die totalen Loser, und wir verloren nicht nur einen Haufen Kohle, sondern auch unseren Stolz! Unser Chef ließ den Gewinn nämlich direkt ins Laufhaus wandern. So ein Gejohle war lange nicht mehr zu hören bei den Damen. Sie wurden aufgefordert, sich bei den Angestellten dafür zu bedanken. Demütig, mit gesenkten Häuptern standen alle in Reih und Glied an der Rezeption, als etwa vierzig Frauen über sie herfielen und sich mit Küssen und Gefummel ausgiebig bedankten für das, was ihnen gerade zugesteckt worden war: »Danke! Danke! Danke für den unerwarteten Geldsegen!«

Ich möchte diese Schmach am liebsten vergessen.

Aus Verzweiflung einfach weggeschmissen

Das Hurenleben ist kein Zuckerschlecken. Manche haben tatsächlich keine Alternative und bräuchten Hilfe und Unterstützung – so zum Beispiel Selina. Obwohl sie längst ein

Baby unter ihrem Herzen trug, hatte die 18-jährige Rumänin noch monatelang in einem mir bekannten Bordell weitergearbeitet,. »Ich war von Anfang an gegen die Schwangerschaft«, jammerte sie, »aber jetzt ist es zu spät für eine Abtreibung.«

Als sich diese »frohe Botschaft« unter den Gästen herumgesprochen hatte, steigerte sich das Verlangen nach der Schwangeren immens. Aus allen Teilen der Republik reisten die perversen Freier in Heerscharen an, um es mit einer »trächtigen« Prostituierten zu treiben. Dem Amtsarzt war die Schwangerschaft bei der üblichen Pflichtuntersuchung zur Prävention von Geschlechtskrankheiten natürlich aufgefallen, dagegen tun konnte er nichts. »Es gibt keine rechtliche Handhabe gegen die Tätigkeit einer Schwangeren als Professionelle«, bestätigte er uns. Moralische Bedenken der Freier gab es erst recht nicht, der Andrang vor ihrem karg eingerichteten Zimmer wurde Monat für Monat größer. Bis kurz vor der Geburt ging Selina mit ihren Gästen aufs Zimmer. Als die Wehen einsetzten, verkroch sie sich, mutterseelenallein. In einer eiskalten, vorweihnachtlichen Nacht brachte die schöne Hure einen Jungen zur Welt. Ohne fremde Hilfe.

Und dann geschah das Unfassbare. Sie wickelte ihr schreiendes Neugeborenes in ein schmuddeliges Handtuch, steckte es in eine Plastiktüte und schmiss es aus dem Fenster, sieben Meter hinab in die Tiefe. Sie selbst erlitt einen Blutsturz und rief den Notarzt, der sie sofort ins Krankenhaus beförderte. Es war nicht zu übersehen, dass diese junge Frau soeben entbunden hatte. »Wo ist Ihr Baby?«, fragten die Ärzte erstaunt in der Klinik. Selina weinte und schrie vor Verzweiflung, die Klinik benachrichtigte die Polizei. Wenige Minuten später fand man das Baby hinter dem Bordell im Gebüsch. Das Mädchen kam vor Gericht und wurde in ihre Heimat abgeschoben.

Mir läuft noch heute eiskalter Schweiß den Rücken hinunter beim bloßen Gedanken an diese Tat. Sie muss wohl sehr verzweifelt gewesen sein, und oft denke ich, es sollte in jeder Stadt eine Anlaufstelle geben, um Huren in Notsituationen zu helfen und Unglücke wie dieses zu vermeiden.

Einbahnstraße ohne Notausgang

Mit Ausnahme von Champagner sind in den meisten guten Clubs inzwischen die alkoholischen und nichtalkoholischen Getränke im Eintrittspreis enthalten. So kann der Gast seine Muntermacher bedenkenlos bestellen, ohne mit überteuerten Getränkepreisen über den Tisch gezogen zu werden. Und die Damen profitieren von der steigenden Hemmungslosigkeit der potenziellen Freier.

Nur ist es ein schmaler Grat zwischen gesitteter Hemmungslosigkeit und volltrunkener Besinnungslosigkeit, bei der das Benehmen auf der Strecke bleibt. Der Fehler im System liegt bei den gierigen Gästen, die durch doppelten und dreifachen Getränkekonsum ihr Eintrittsgeld auf Teufel komm raus wieder reinholen wollen und sich so abschießen, dass sie nicht mal mehr alleine stehen können. Bei uns im Club in der elften Etage werden solche Gäste des Ladens verwiesen. Danach haben sie aber immer noch die Möglichkeit, durchs anliegende Laufhaus zu streifen, um dort in die Fänge einer Prostituierten zu geraten.

Ein ganz besonderer Fall von alkoholisiertem Übermut ereignete sich auf einem der Flure oberhalb der siebten Etage, wo die Privatzimmer für das Personal liegen. Wie durch Absperrungen und Warnschilder leicht zu erkennen, ist dieser Bereich für Freier absolut tabu. An einem frühen Sonntagmorgen verirrte sich ein volltrunkener Russe, der über die Absperrung geklettert war, in den Flur, in dem das Sicherheitspersonal nach einer anstrengenden Nacht schlummerte. Der Russe lief über den Gang und hämmerte gegen alle Türen und schrie: »Eh, ihr Scheißnutten, kommt raus, ich will ficken!«

Immer wieder trat und hämmerte er gegen jede Tür, während er brüllte: »Ich habe einen so dicken Schwanz, den müsst ihr mir blasen, ihr Fotzen!« Als er am Ende des Ganges angekommen war, öffneten sich fast zeitgleich alle Türen, und ein Dutzend durchtrainierter Security-Typen aus der Nachtschicht trat in Unterhosen und Boxershorts schlaftrunken auf den Flur.

Direkt vor der Nase des Russen befand sich eine Notausgangstür, die aber leider an diesem Tag verschlossen war – hinter ihm standen zwanzig wütende, muskulöse Typen. Nachdem der Russe seine verzwickte Situation erfasst hatte, riss und trat er immer heftiger gegen die Notausgangstür, die sich aber nicht öffnete. Er musste also durch den Gang zurück – vorbei an all den grimmig dreinschauenden und vor Wut schnaubenden Türstehern. Der Erste von ihnen packte den Russen am Kragen und schrie so heftig auf ihn ein, dass dabei der Speichel auf das Gesicht des Randalierers klatschte.

»WAS WILLST DU? FICKEN? DAS KANNST DU HABEN, MEINE FAUST WIRD DICH FICKEN!«.

Er schlug dem Störenfried eine heftige Bombe gegen den Schädel. Das war wie das Startzeichen für seine Kollegen. Wie eine Horde blutrünstiger Vampire stürzten sie sich auf den Russen, jeder wollte noch ein Stück abhaben. Kurz bevor er die Besinnung verlor, hielten sie inne. Einer schnappte sich die kärglichen Überreste und hielt den Typen, der vor ihm kniete, fest, zog seine Boxershorts runter und drückte seinen Schwanz vor das blutende Gesicht und sagte: »Du stehst also auf Blasen, dann schnapp mal zu und mach ein paar Probezüge an meinem Pisssteifen!«

Die übrigen Sicherheitskräfte, die der Meinung waren, den Russen jetzt genug gedemütigt zu haben, hielten ihren Kollegen gerade noch von einer Schandtat zurück und übergaben den schwer gezeichneten Störenfried dem Aufsichtspersonal aus der Tagesschicht.

Die Anakonda und der Milchbubi

Einmal schleppte ein altbekannter Szenegänger seinen neuen Kollegen mit in unseren Puff. Die beiden wollten einen erfolgreichen Geschäftsabschluss feiern. Während unser Bekannter sich locker und selbstsicher im Hurenmilieu zu bewegen wusste, machte sein Milchbubi-Kollege einen verkrampften, eher schüchternen Eindruck. Der eine galant und charmant, an ein oder zwei Frauen gleichzeitig herumfummelnd – der andere eher ein stiller Beobachter, der kaum ein Wort herausbekam.

In den Wochen darauf häuften sich die erfolgreichen Geschäftsabschlüsse des ungleichen Freier-Duos – und somit auch ihre Besuche in unserem Etablissement. Langsam taute der verklemmte Milchbubi auf. Erste Streicheleinheiten mit längeren Dialogen, gefolgt von entspannten Massagegängen brachen das Eis. Und schließlich war er nicht mehr zu bremsen. Man bekam das Gefühl, er müsse nun all das nachholen, was er in den Jahren zuvor verpasst hatte. Erst ging er mit einer, dann mit zwei, drei und vier Damen aufs Zimmer und ließ sich in die Kunst der käuflichen Liebe einweisen. Doch er wollte immer mehr, und nach und nach stieg sein Verlangen ins Unermessliche.

Als seine Lust kaum noch zu befriedigen war, brachte er seine Ehefrau mit in den Puff. Da er inzwischen zu den Stammgästen gehörte und schon einige tausend Euro bei uns gelassen hatte, wurde der biederen Hausfrau ausnahmsweise Eintritt gewährt. Und so ließ sich das Paar gemeinsam erotisch verwöhnen. Sie begannen mit Fuß- und Ganzkörpermassagen, machten dann Bekanntschaft mit Dildos jeglicher Größen, die sie sich gegenseitig einführten, probierten Fesselspielchen aus und erlernten schließlich die Handhabung von Butt-Plugs – das sind Pfropfen, die man sich anal einführt. Angeheizt von der knisternden Erotik, gestand die Ehefrau ihren Hang zum weiblichen Geschlecht. Also stürzten sich die beiden in einen Dreier mit einer hinreißenden Hure. Die erst so schüchterne Ehefrau gab bei der neuen Gespielin richtig Gas, fühlte sich dabei sogar mehr zu ihr als zu ihrem Mann hingezogen.

Nachdem sich seine Frau Gattin so offen für Neues gezeigt hatte, verlor auch der Milchbubi seine letzten Hemmungen: Er wollte unbedingt mehr Authentizität, einen echten Schwanz aus Fleisch und Blut spüren. Also machte sich eine der Huren auf den Weg in die siebte Etage zu den Transen. Das Starlet unter den Transen hörte auf den Spitznamen »Anakonda«. Diesen Spitznamen trug sie zu Recht und voller Stolz, denn das Gehänge zwischen ihren maskulinen Schenkeln war in der Tat riesig.

Im Zimmer angekommen, widmete sich »Anakonda« unter Beifall der zahlreich anwesenden Damen gleich dem Protagonisten, der – aufgebahrt wie ein Opferlamm – nackt mit gespreizten Beinen auf einer Massagebank lag. Schelmisch grinsend, knallte »Anakonda« ihr halb steifes Monstrum auf Milchbubis Rücken – mit den Worten: »Du willst mehr Authentizität? Hier bekommst du echte Vollkommenheit!«

Als der Bubi sah, was sich da auf seinem Rücken und um ihn herumschlängelte, riss er voller Ehrfurcht die Augen auf. Die Transe ging einen Schritt zurück, nahm ihr Ziel ins Visier und rammte den nun knüppelharten Obelisk in seinen Arsch. Die Gesichtsakrobatik und Schmerzlaute, die der Bubi dabei von sich gab, ließen die anwesenden Damen vor Schadenfreude fast zusammenbrechen. Danach wurden der Milchbubi und seine Gattin übrigens nie wieder im Haus gesehen.

Der Proll und der Teddybär

An einem langweiligen Sonntagabend ereignete sich eine Geschichte, die sich für die Ewigkeit in meine Gehirnwindungen einbrennen sollte.

Ich dämmerte gerade vor mich hin, da riss mich ein lautstark pöbelnder, sonnenbankgebräunter Vollproll aus meinem späten Mittagsschlaf. Er stand vor mir am Eingangstresen und wollte wissen, was bei uns abgeht und was es kostet. Ich setzte gerade zu einer Ausführung an, da unterbrach er mich: Ob ich ihn nicht kennen würde, er sei eine bekannte Größe in der Stadt und müsse nirgendwo Eintritt zahlen, also solle auch ich mich nicht anstellen und ihm kostenlos Eintritt gewähren. Aus dem Halbschlaf gerissen werden und sich dann dummes Gelaber anhören müssen – das machte mich richtig wütend: »Hier geht's nach Schönheit, und so schön bist du nicht. Also erst löhnen, dann stöhnen!«

Er traute sich anscheinend nicht, noch einmal aufzumucken, legte seinen Eintritt auf den Tisch und fuhr in die Bar im elften Stock. Dort angekommen, machte er jedoch gleich da weiter, wo er bei mir am Tresen angefangen hatte. Er posaunte heraus, was für ein geiler Typ er doch sei, und grapschte und fummelte auf eine widerliche Art an den Damen herum. Nicht ohne in jedem Satz zu betonen, wie viel Geld er schon für Huren rausgeschmissen habe und dass in diesem Puff mit Abstand die hässlichsten Weiber arbeiten würden, die je für Geld die Beine breit gemacht hätten.

Eine nach der anderen bekam ihr Fett weg: Bei einer bemängelte er die fehlende Oberweite, bei einer anderen den Hüftspeck und bei einer weiteren, dass sie ihren Zenit längst überschritten habe und sich langsam aufs Altenteil zurückziehen solle. Dann bemerkte er einen Gast im hinteren Teil der Bar, der alleine an einem Tisch in der Ecke saß und von dem bisher keiner Notiz genommen hatte. Nun war er das nächste Opfer, das Hohn und Spott über sich ergehen lassen musste. Der Typ war zwar massig gebaut, kauerte aber wie ein Teddybär auf seinem Platz. Alle Sprüche prallten an ihm ab, und es waren einige: Wie fett er doch sei und wie ungepflegt. Kein Wunder, dass er mit diesem Erscheinungsbild keine andere Möglichkeit habe, als in den Puff zu gehen. Minutenlang beschimpfte der Großkotz den sympathischen Gast und machte sich über ihn lustig. Von diesem Gerede wurde er immer durstiger und bestellte eine zweite Flasche Wodka. Dann stand er auf, um den Inhalt der ersten Wodkaflasche zur Toilette zu bringen. Nachdem ihm eine Dame den Weg erklärt hatte, wankte der Pöbelhannes zum stillen Örtchen. Genauso unauffällig, wie er sich die ganze Zeit verhalten hatte, schlich der Teddybär hinterher. Was dann folgte, erfuhren wir nur aus dem späteren Bericht des Vollprolls: Während der sich auf dem Klo entleerte, postierte sich der Teddy wartend neben der Tür. Das hatten die Überwachungskameras sogar noch aufgezeichnet. Als der Proll die Klotür öffnete und auf den Flur trat, wurde er von dem massigen Kerl in einen der nahe liegenden Räume gestoßen, den die Kamera nicht mehr erfasste. Im Zimmer zog der Bär eine Pistole und schlug dem Proll mit dem Knauf auf die Schläfe, woraufhin dieser zusammensackte und kniend um Gnade winselte. Doch der Bär öffnete den Hosenstall, hielt seinen fleischigen Schwanz vor das Gesicht des Prolls, presste ihm die Pistole an die Schläfe und befahl: »Und jetzt den Mund weit aufmachen und schön schlucken!« Der Pöbler muss-te so lange herumlutschen, bis der Teddy ihm in den Hals spritzte. Danach packte der Koloss seine beiden Schieß-prügel wieder ein und verschwand genauso unauffällig, wie er sich die ganze Zeit verhalten hatte.

Völlig aufgelöst torkelte der Proll an die Bar zurück, er-zählte, was ihm gerade widerfahren war, und winselte um Mitleid. Doch das Gegenteil war der Fall. Schreiend und feixend vor Genugtuung, lagen sich die Damen mit Tränen in den Augen im Arm und gaben dem Geschändeten zu ver-stehen, er solle bloß die Polizei aus dem Spiel lassen. Hier würde er bestimmt keinen Zeugen finden.

Das verhängnisvolle Erbe

Ein netter und gut aussehender junger Mann, dessen Vater erst vor Kurzem verstorben war und der das florierende Fa-milienunternehmen geerbt hatte, landete auf Empfehlung eines Freundes in unserer Tabledance-Bar. Nachdem er sich mit den Gepflogenheiten des Clubs vertraut gemacht hatte, kam er dem Personal, den Stammgästen und den Tänzerin-nen mit der Zeit immer näher. Seine freundliche Art und sein einnehmendes Wesen kamen gut an, und es fiel ihm leicht, Kontakte zu knüpfen.

Als einem der Stammgäste – einem ausgekochten Schlitzohr – auffiel, wie naiv sich der sympathische junge Mann durchs Milieu bewegte, nahm er ihn unter seine Fittiche. Die beiden wurden schnell Freunde und zogen fortan gemeinsam durch allerlei skurrile und bizarre Nachtlokale, und am Ende landeten sie immer wieder – berauscht von irgendwelchen Substanzen – im Tabledance.

Das Benehmen und Auftreten des einst so netten jungen Mannes wandelte sich im Nu. Er wurde zu einem arroganten, großkotzigen Kackvogel, der mit seinem Geld nur so um sich warf. Von sich so eingenommen, glaubte er, es mit jeder Tänzerin treiben zu können. Und wenn sie seinem widerlichen Charme nicht erlagen, versuchte er es mit Unsummen von Bargeld, das er den Damen auf den Tisch knallte. Nun gut, nicht jede war standhaft genug, um dem Lockruf des Geldes zu widerstehen.

Der Typ hatte völlig die Kontrolle über sich und seine Finanzen verloren. Es gab Abende, an denen er sich auf der Bühne auf einen Stuhl setzte. Alle anwesenden Tänzerinnen mussten sich dann vor ihm versammeln, und er ließ Euroscheine wie Konfetti auf die sich lasziv rekelnden Damen herabrieseln. Ab und zu verliebte er sich in eine der Damen. Um seine Zuneigung zu zeigen, ließ er sich nicht lumpen und überschüttete die Angebetete mit teuren Geschenken. Uhren, Schmuck und schöne Autos gehörten dabei zum Standardprogramm. Der schlitzohrige Stammgast kam auch nicht zu kurz. Im Rausch überschrieb der Erbe ihm ein Haus auf Mallorca.

Schon bald jedoch verlor er durch seine Drogenexzesse die Kontrolle über seine Firma, sie ging bankrott, und da es nun nichts mehr zu holen gab, wandten sich auch all die »neuen Freunde« von ihm ab – der Stammgast als Erster. Von Drogen gezeichnet und ausgelaugt, verkraftete der ruinierte Erbe es nicht, dass keiner mehr etwas mit ihm zu tun haben wollte. Nach einem missglückten Selbstmordversuch ging er zum Friedhof, ballerte sich das halbe Magazin einer Maschinenpistole in den Kopf und fiel auf das Grab seines Vaters.

Der Freier mit dem Hochzeitskleid

Von Zeit zu Zeit begrüßen wir Kunden, die zwar schon etwas betagter, aber sexuell immer noch sehr aktiv sind – manchmal auch in sehr eigentümlicher und merkwürdiger Form. So auch ein älterer Herr, der über Jahre unser Etablissement besuchte.

Er war weit über 80 Jahre alt, und bei seinen regelmäßigen Besuchen trug er stets ein Hochzeitskleid. Die Huren beschrieben ihn als nett, schrumpelig und etwas muffelig. Sein Schwanz war faltig, und sein Sack soll ihm schon in den Kniekehlen gehangen haben.

Er bestellte immer eine Flasche Schampus und ging dann mit der erstbesten Dirne aufs Zimmer. Dort verlangte er, dass sie sich mit der eben erworbenen Flasche Champagner selbst befriedigte. Zu diesem Schauspiel versuchte sich der Alte im Hochzeitskleid einen runterzuholen – was nicht immer gelang. Nie wollte er, dass ihm die Dame seiner willkürlichen Wahl dabei zur Hand ging.

Das Beste war, dass er bei jedem Besuch mit einem anderen Hochzeitskleid bei uns auf der Matte stand und in diesem Outfit wie selbstverständlich in den Puff marschierte. Es war ihm total egal, wie voll die Bude war und was die anderen Gäste über ihn dachten oder sagten. Ungeniert ging er zur Theke, bestellte seinen Schampus, nahm sich eine Dame – und dann ab aufs Zimmer.

Der Virtuose

Gestrauchelte Typen, die durch persönliche oder berufliche Tiefschläge den Boden unter den Füßen verloren haben, verirren sich regelmäßig ins Bordell – auf der Suche nach Ablenkung von ihrer verkorksten Lage. Ob nun der Verlust der Frau, eine schmerzhafte Trennung oder die bevorstehende Insolvenz der eigenen Firma der Grund ist – solche Typen erkennt man meistens gleich an ihrem verschlossenen Auftreten.

Die beiden folgenden Geschichten ereigneten sich erst vor kurzer Zeit und fast parallel.

Einem sehr hageren Typen Ende fünfzig war die Frau verstorben. Völlig verzweifelt streifte er durch die Gänge des Laufhauses auf der Suche nach einer Frau, die seiner großen Liebe ähnlich sah. Hatte er eine gefunden, verkroch er sich stundenlang mit reichlich Alkohol im Gepäck im Zimmer und schüttete der Hure sein Herz aus. Die stundenlangen Sitzungen hatten einen stolzen Preis. Immer wieder lief die Dame mit seiner EC-Karte und seiner Geheimzahl zum Geldautomaten, um ihre Zeit mit ihm zu verlängern. Er selbst schaffte es im Vollrausch nicht mehr, die Karte stark zitternd in den Schlitz zu stecken. Einige Wochen lief diese Prozedur fast täglich ab, bis er verkündete, nun auch finanziell am Ende zu sein. Total abgemagert bis auf die Knochen, finanziell ruiniert sowie psychisch und physisch völlig kaputt, stand er kurz vor dem Suizid. Aus diesem Grund ließ er sich selbst in ein geschlossenes Sanatorium einweisen. In unserem Haus haben wir ihn nie wieder gesehen.

Einen anderen Freier traf es nicht ganz so hart, aber auch ihn hatte ein schwerer Schicksalsschlag aus der Bahn geworfen. Der gleiche alkoholisierte Auftritt mit wirren Sprüchen, die es aber in sich hatten. Unumwunden gab er mir zu verstehen, dass der Taxifahrer, der hinter ihm das Bordell betrat, keine Provision verdient habe, da er ein Wichser sei und überhaupt die ganze Welt ihn am Arsch lecken könne, weil bei ihm sowieso nichts mehr zu holen sei. Die Firma in der Insolvenz, die Konten gesperrt und seine Frau weg. Ununterbrochen fluchte er vor sich hin.

Seine Schwarzgelddepots hatte er schon geplündert. Damit man ihm nichts mehr abnehmen konnte, verpulverte er die allerletzten Reserven sinnlos in den Bars, Kaschemmen und Bordellen der Stadt. Auf seinen Streifzügen sammelte er Handynummern von Prostituierten, die er dann zu sich nach Hause in seine riesige noble und geschmackvoll eingerichtete Altbauwohnung bestellte. Zeitweise waren bis zu sechs oder sieben Damen anwesend, die in seinem Wohnzimmer vor einem schwarzen Flügel wie in einem Konzertsaal Platz nehmen mussten. Stundenlang lauschten die Huren dem Hobbyvirtuosen, erst belustigt, dann gelangweilt von Brahms, Mozart und anderen Interpreten der klassischen Musik. Und das alles, während im Hintergrund Pornos auf einer riesigen Leinwand liefen. Zwischendurch unterbrach der Virtuose sein Intermezzo, legte eine Line Kokain auf sein Piano und zog sich genüsslich eine Dosis Marschpulver. Im Anschluss daran baute er sich vor seinem Publikum auf, öffnete den Bademantel und holte sich kurz einen runter, bevor er sich wieder ans Piano setzte und weiterklimperte. Einige Male wiederholten sich diese eigenartigen Konzerte, bis er wegen Steuerhinterziehung eine Haftstrafe von dreieinhalb Jahren antreten musste.

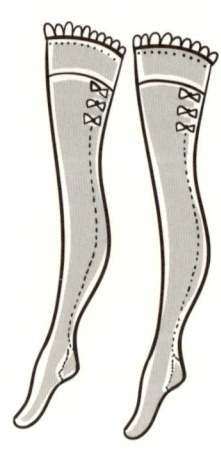

Hallo Papa!

In der Tagesschicht in einem mir bekannten Bordell in Berlin arbeiteten ab und zu einige Hausfrauen heimlich, um die Haushaltskasse aufzubessern. Angehörige, Freunde und Nachbarn sollten von diesem Treiben natürlich nichts wissen.

Eine der Hausfrauhuren war schon lange dabei, sie war geschieden, sah gut aus, war immer gepflegt und gut gekleidet. Sie hatte auch eine Tochter, die alle seit Jahren kannten. Als sie noch ein junges Mädchen war, ging die Tochter dort ein und aus. Sie kam immer nach der Schule vorbei, aß etwas und machte ihre Hausaufgaben im Personalraum – bis sie dann am späten Nachmittag mit ihrer Mutter nach Hause ging. Der Ex-Mann und Vater der Kleinen wusste natürlich nichts von diesem Doppelleben seiner Ex-Frau.

Nach mehreren Ehrenrunden in der Schule und einem glanzvollen Abbruch der Hauptschule in der 9. Klasse stand die Tochter dann eines Tages, nachdem sie 18 Jahre alt geworden war, beim Puff auf der Matte und suchte Arbeit. Tja ... und die bekam sie dann auch. Sie fing im Laufhaus an, und in sehr kurzer Zeit war sie schon eine der ganz Großen. Die Tochter sah blendend aus und verstand das Handwerk auf Anhieb. Anscheinend hatte sie eine hervorragende Ausbildung genossen und von der Mutter alles, aber auch wirklich alles beigebracht bekommen.

Es kam, wie es kommen musste. Eines Tages, an einem Samstagnachmittag im Dezember, besuchte eine Gruppe von fünf ziemlich angetrunkenen Kerlen mittleren Alters den Laden. Sie wollten es sich an der Bar gutgehen lassen – was sie dann auch taten. Die ersten drei Typen verschwanden auf den Zimmern, zwei von ihnen blieben an der Bar, bis dann irgendwann Mutter und Tochter aus einem der anderen Zimmer kamen und sich dazusetzten, um etwas zu trinken. Einer der beiden Kerle fiel ohne Vorwarnung ohnmächtig vom Stuhl, und sie hatten Mühe, ihn ohne Krankenwagen wieder aufzupäppeln. Im ersten Moment dachten alle, der Typ hätte seinen Löffel abgegeben. Als er wieder zu sich kam, hatten sie ihn schon in eines der freien Zimmer verfrachtet, um jeden Stress im Club zu vermeiden. Inzwischen wussten nämlich alle, dass er der Ex-Mann beziehungsweise der Vater der beiden Huren war. Frohe Weihnachten!

Der Glöckner von Köln

Ein Freier – recht gut aussehend, immer braun gebrannt, durchtrainiert und mit langem blonden Haar – kam immer am ersten Freitag des Monats gegen 23 Uhr in den Puff. Er hatte einen kleinen Buckel auf dem Rücken, der aber kaum auffiel, trug stets Anzug und Krawatte und wollte nur zu einer einzigen Hure. Diese war eine Art Mutti für alle und half jeder und jedem, der in unserem Haus arbeitete. Sie war schon Anfang sechzig, und der Zahn der Zeit hatte so sehr an ihr genagt, dass sie keinen Tag jünger aussah. Eine Ladung Botox hätte ihr wirklich gutgetan. Kein Wunder, dass sie – wenn es hoch kam – nur ein oder zwei Freier am Abend bediente.

Der Glöckner von Köln wollte aber nur zu ihr, er interessierte sich null für die anderen Damen. Warten musste er natürlich nie. Er kam rein, und die beiden verschwanden, ohne große Worte zu verlieren, auf einem der Zimmer.

Erst ging's wie für jeden Gast ab unter die Dusche und dann in die Fetisch-Plastikklamotten, denn seine Herzdame war eine in die Jahre gekommene Domina. Anders als bei den meisten Gästen kam Ficken für ihn nicht infrage. Er ließ sich lieber von der alten Domina auspeitschen und vor versammelter Mannschaft demütigen. Sie musste ihn an die Leine nehmen und dann durch den gesamten Laden führen, sodass ihn jeder sehen konnte. An der Theke, auf dem Boden direkt neben den Barhockern, wurde für ihn extra ein mit Bier gefüllter Napf aufgestellt. Nachdem er seinen ersten Durst gestillt hatte, musste er bellen und wimmern wie ein Hund und im wahrsten Sinne des Wortes mit dem Schwänzchen wedeln. Die Altdomina zerrte den Glöckner an der Hundeleine durch den gesamten Puff, während er bei Fuß ging und auf Kommandos wartete. Sie drosch ununterbrochen mit einer Gerte auf den armen Kerl ein, der viel Geld für die Demütigung bezahlte und die dämlichen Klamotten freiwillig anzog. Nachdem ihn alle gesehen hatten, verschwanden Frauchen und Glöckner wieder in ihrem Zimmer. Kurze Zeit später kamen beide raus und taten so, als wäre nichts geschehen. Dieses Ritual wiederholte sich immer wieder, bis die alte Dame unerwartet verstarb und der Buckelige daraufhin für immer von der Puffblickfläche verschwand.

Ping-Pong-Spielen will gelernt sein

Mai Ling war eine aus Thailand stammende Hure, klein und zierlich, mit langem schwarzen Haar. Bei unseren Gästen war sie bekannt für ihr Spiel mit den Ping-Pong-Bällen. Und damit meine ich nicht das allgemein bekannte Tischtennisspiel.

An manchen Tagen standen die Jungs Schlange bei ihr, und es wäre bestimmt sinnvoll gewesen, Nummern zu verteilen wie bei der Arbeitsagentur.

An einem Donnerstagabend kamen zwei junge Typen in unser Laufhaus, ganz normale Jungs aus Köln-Mülheim. Beide hatten schon viel von Mai Ling gehört und wollten unbedingt zu ihr.

Während der Erste mit ihr im Zimmer verschwand, wartete der andere auf dem Flur, schaute sich im Laufhaus um und informierte sich, was bei den anderen Huren auf dem Programm stand. Nach einer Weile kam sein Kollege bestens gelaunt aus Mai Lings Zimmer zurück. Fliegender Wechsel: Die beiden klatschten sich ab, und dann war Nummer zwei dran.

Erst sollte er sich ausziehen und duschen, dann auf das Bett legen, um die Show von Miss Thailand zu genießen. Wie bei all ihren geilen Zuschauern fing sie an, mit ihrer Muschi Ping-Pong-Bälle durchs Zimmer zu schießen. Der Mülheimer Jung schaute sich das ungewöhnliche Schauspiel an, und als sich Mai Ling zwischendurch kurz ins Bad begab, kam er auf die glänzende Idee, es auch einmal selbst auszuprobieren. Dieser Hirni von Freier schob sich tatsächlich drei von den Bällen in den Arsch, und als die süße Mai Ling aus dem Bad kam, wollte er mit den Bällen auf sie schießen. Leider wurde daraus nichts, denn die Dinger wollten nicht flutschen und blieben in seinem Anus stecken. Der Trottel bekam Panik und flippte total aus, er presste wie verrückt, doch nichts passierte. Daraufhin jagte Mai Ling ihm eine halbe Flasche Gleitcreme in den Hintern – wieder ohne sichtbaren Erfolg. Der junge Freier zog sich an, zahlte seine dreißig Minuten »Vergnügen« bei Mai Ling, spazierte breitbeinig raus auf den Flur zu seinem Kumpel, und beide verschwanden in der Nacht. Entweder er war beim Arzt, oder er läuft heute immer noch rum wie John Wayne.

Der Franz und die kleine Sissi

Franz, ein alter Stammgast, brachte einmal seinen Pudel Sissi mit zu uns ins Laufhaus. Seine liebe Ehefrau war wie immer bei der Arbeit, und er genoss seinen freien Tag mit etwas Ablenkung. Sissi wollte er nicht alleine zu Hause lassen, und da er sowieso mit ihr Gassi gehen musste ... Normalerweise sind Hunde im Haus verboten, aber für Franz machten wir eine Ausnahme. Franz war ein kräftiger, großer Trucker, Typ Karohemd, herzensgut und sehr beliebt bei den Ladys von der ersten bis zur sechsten Etage. An diesem Tag nun schlenderte Franz mit Sissi an der Leine durch die Gänge des Bordells und suchte eine Liebesgöttin für die nächsten dreißig Minuten. Nach kurzer Zeit machte er bei einer alten Bekannten halt, sie wurden sich schnell einig und verschwanden im Zimmer.

An diesem Nachmittag stellte sich heraus, dass seine Sissi auf Muschis stand. Als sich die Hure zum Blasen auf den Boden kniete, nach vorne beugte und fleißig am Lutschen war, fing die kleine Sissi an, der Hure die Muschi auszulecken. Der gute Franz pfiff seine Sissi mit ihrer schnellen Zunge jedoch nicht zurück. Nein, er geilte sich sogar daran auf, wie der Hund mit seiner schnellen, rauen und nassen Zunge der Hure zwischen die Schenkel stieß. Seither bringt der geile Bock den Hund immer mit, und man glaubt es kaum, aber den Huren gefällt es. Und so findet sich seither immer eine Liebessklavin für Hund und Herrchen.

Schatz, ich geh dann mal ficken

Im Laufhaus des Pascha arbeiten die Damen selbstständig, lediglich das Zimmer mieten sie tageweise bei uns an. Um Ärger zu vermeiden, möchten wir jedoch nicht, dass ihre Lebensgefährten, Ehemänner oder selbst ernannten Beschützer aufkreuzen und im Laden herumturnen. Die Kerle haben grundsätzlich Hausverbot. Es gab natürlich schon Fälle, wo es der eine oder andere Vogel trotzdem probiert hat, aber in der Regel warten die Jungs draußen vor der Tür, um ihre Mädels abzukassieren, oder einfach nur, um sie von der Arbeit abzuholen.

Eines Tages stand nun ein Typ vor mir und sagte, er müsse dringend eine der Huren sprechen. Eine ganz besondere und nur die eine. Er wolle rein, ohne den Eintritt zu bezahlen, weil er sie nur kurz etwas fragen wolle.

Wir fragten ihn, welche es denn sei und auf welchem Flur sie arbeite. Doch er hatte keine Ahnung, wie ihr Pseudonym war oder wo genau sie ihr Zimmer hatte. Wir fragten ihn, welches spezielle Fachgebiet sie denn bediene: Ob sie auf Sadomaso-Spiele spezialisiert oder eine Domina sei oder ob sie vielleicht doch nur das Standardprogramm liefere? Er hatte keine Ahnung, ließ sich aber auch nicht abwimmeln. Den Eintritt wollte er jedoch immer noch nicht bezahlen. Es gab ein langes Hin und Her. Wir machten uns logischerweise einen Spaß daraus, den Trottel aufzuziehen, bis er schließlich völlig genervt das Geld auf den Tisch knallte und anfing, seine Auserwählte im ganzen Haus zu suchen. Da sie immer wieder Freier bediente und auf dem Zimmer verschwand, verpasste er sie mehrere Male. Er lief sicher zwei oder drei Stunden durch alle Flure, bis er sie auf der fünften Etage endlich fand. Am Ende stellte sich heraus, dass er der Ehemann der Hure war und nur seinen Einkaufszettel verloren hatte. Super wichtig! Man stelle sich vor, er hätte ohne Einkaufszettel einkaufen müssen und womöglich die Gleitcreme vergessen.

Sightseeing der besonderen Art

Reiseveranstalter aus Ländern, in denen Prostitution verboten ist, haben einen lukrativen Markt für sich entdeckt. Sie locken Freier aus diesen Nationen mit billigen Pauschalangeboten in unsere legalen Bordellbetriebe, in denen ihnen Angebote unterbreitet werden, die sie bestimmt nicht ablehnen können. Besonders den Veranstaltern aus England ist eine raffinierte Methode eingefallen. Bei Auswärtsspielen englischer Mannschaften in der Champions League bieten manche pfiffige Veranstalter Fahrten an, die angeblich zum Spiel gehen, bei denen sich die Fans aber stattdessen für zwei Tage von ihren Familien wegschleichen können, um sich in einem Puff in Deutschland die Seele aus dem Leib zu rammeln.

Anfangs staunten wir nicht schlecht, dass ständig englische Gruppen in Manchester- oder Arsenal-Trikots durch unser Laufhaus pilgerten, obwohl ihre Mannschaften in anderen Städten oder sogar in anderen Ländern spielten. Mit einem schelmischen Grinsen wurden unsere Fragen beantwortet. Ob sie sich verflogen hätten, fragten wir sie. Bis uns einer aufklärte, welch Organisation hinter diesem Treiben stand. Die Reisebüros warben mit doppelseitigen Prospekten. Auf der einen Seite mit großen Fußballstadien und auf der anderen Seite mit dem eigentlichen Ziel – prunkvoll eingerichteten Saunaclubs, in denen Hunderte nackter Huren ihre Körper anbieten. Den Billig-Airlines in Europa sei gedankt, dass sie diese Art von Sightseeing möglich gemacht haben.

Auch die Schweden freuen sich über getarnten Sextourismus, da ihre Regierung 1999 die Prostitution bzw. nur die Entgegennahme einer solchen Dienstleistung für die Freier unter Strafe gestellt hat. Offiziell ging die Anzahl der Prostituierten in Schweden danach drastisch zurück, und logischerweise nahmen die oben erwähnten Pauschalangebote der Reisebüros sprunghaft zu.

Natürlich kommen nicht nur Engländer und Schweden zu uns. Freier aus aller Herren Länder jammern bei ihren Besuchen über die Doppelmoral ihrer konservativen Regierungen. Schlimm sei das.

Uns soll es egal sein, und so heißen wir alle Freier dieser Welt herzlich willkommen.

Blasen mal anders

Eines Nachts stand wieder mal so ein Bekloppter bei uns vor der Tür. In der einen Hand eine Plastiktüte, in der anderen eine Luftpumpe. Der unscheinbare Typ zahlte seinen Eintritt und ging ins Laufhaus. Nach einer Weile entschied er sich für eine der Damen, und im Zimmer der Lust sprachen die beiden über seine Vorlieben. Er wollte gerne einen Dreier machen. Das sei kein Problem, sagte die Dame, sie müsse nur eine Kollegin rufen, der Preis verdopple sich dadurch selbstverständlich.

Mister Unscheinbar hatte jedoch etwas ganz anderes im Sinn. Er würde gerne seine liebe Gummipuppe mit dabeihaben, sagte er. Kein Problem, sagte die Hure, solange er auch dafür das Doppelte bezahle.

Er legte das Geld auf den Tisch und fing an, das gute Stück auszupacken und mit der Luftpumpe aufzublasen. Leider funktionierte die Pumpe nicht richtig, und es ging nur sehr schleppend voran. Die Zeit tickte und tickte. Nach geschlagenen 18 Minuten Pump-Ouvertüre blieben nur noch zwölf Minuten für den Akt, und die Hure rechnete schon mit einem kurzen »Vergnügen«. Nachdem sie ein paar Minuten später endlich mit dem flotten Dreier starten konnten, waren die bezahlten dreißig Minuten bereits fast abgelaufen.

Doch der Freier zahlte die geforderte Kohle für eine Verlängerung, und weiter ging's. Dazu musste er jedoch erst einmal seine längst wieder erschlaffte Gummifrau neu an den Start bringen.

Völlig außer Atem blies er die blöde Gummipuppe mit dem Mund auf, denn die Pumpe hatte ihren Geist mittlerweile komplett aufgegeben. Die Puppe wollte einfach nicht prall werden, und so fragte der Typ die Hure, ob sie das Ding nicht für ihn aufblasen könne. Er sei schon ganz kaputt vor lauter Pusterei und Pumperei. Ihre Antwort: »Blasen kostet extra!«

Und wieder legte er die Kohle auf den Tisch. Als sie anfing, die Puppe aufzublasen, begann er, an sich rumzuspielen – und schwuppdiewupp war er auch schon fertig. So einfach hatte die Hure ihr Geld noch nie verdient. Leider wurde aus dem Luftpumpenmann kein Stammgast.

Außer Spesen nix gewesen?

Egal, welche Messe in Köln und Umgebung stattfindet – unser Laufhaus, die Tabledance-Bar und auch der Club in der elften Etage sind immer rappelvoll mit Messebesuchern. Das Gleiche gilt im Übrigen für Parteitage, Kongresse oder Politgipfel. Die Herren der Schöpfung stehen dann Schlange bei den Prostituierten. Zur Art Cologne und zur Anuga-Messe ist besonders viel los bei uns im Freudenhaus. Die Arbeitskollegen oder Geschäftspartner kommen meist mit ihren schicken Autos und im Anzug zu uns. Sie feiern immer lange und ausgiebig, da die Messe ja nur einmal im Jahr stattfindet und nur wenige Tage dauert.

Damit es bei ihnen zu Hause oder in der Firma keiner mitbekommt, zahlen sie in der Regel in bar. Sie bestellen häufig Champagner, um dem Kollegen oder Kunden zu gefallen. Ihr Vorgehen ist immer gleich und vorhersehbar.

Einige Unternehmen mieteten für ihre Geschäftspartner für viel Geld gleich die gesamte elfte. Bis vor einigen Jahren ließen sie sich sogar die Rechnung auf die Firma ausstellen und setzten diese dann noch frech von der Steuer ab.

Im vergangenen Jahr während der Anuga-Messe kam eine Truppe von acht Männern aus den USA zu uns. Alle ließen es sich die ganze Nacht über gut gehen, und am nächsten Tag gingen sie sogar vom Puff aus direkt wieder zur Messe. Alle mit gut zwei Promille auf dem Kessel, vollgequalmten Klamotten und jeder Menge Cash weniger in der Tasche. Als es ans Zahlen ging, legten sie zusammen und verlangten nach einer Rechnung mit der Anschrift ihrer Firma. Frei nach dem Motto: Wer kennt diesen Laden schon bei uns zu Hause in Amerika. Es dauerte allerdings keine vier Wochen, bis der Buchhalter der amerikanischen Firma bei uns anrief und wissen wollte, was denn bei den horrenden Preisen alles enthalten gewesen sei. Als wir ihm unsere Preisliste vorlasen und er merkte, dass seine Kollegen sich keineswegs in einem Restaurant hatten bewirten lassen, legte er abrupt auf, und wir hörten nie wieder etwas von der Firma.

Geliebter Hausmeister

Unser Hausmeister ist unser Mädchen für alles, und er kann von allen im Haus angerufen werden, um kaputte Wasserhähne zu reparieren, defekte Birnen zu wechseln oder Schäden aller Art zu beheben. Er ist der nette Kerl von nebenan, etwa 45 Jahre alt, und alle Kollegen und Huren mögen ihn. Er hilft, wo er kann – immer zuvorkommend und einsatzbereit.

Eine der Damen, so ein junges Huhn, merkte irgendwann, dass er auf sie stand und sich ein wenig in sie verliebt hatte. Die Hure war ganz schön abgebrüht, denn sie rief ihn wegen jeder Kleinigkeit an, und er stand wie selbstverständlich immer sofort bei ihr vor der Tür und erledigte das Problem umgehend. Das ging einige Wochen so. Sie rief, und er kam.

»Die Heizung leckt!«, »Der Wasserhahn tropft!«, »Die Birne ist kaputt!«, »Die Tür schließt nicht richtig!« – und so weiter und so weiter. Das machte sie so lange, bis sie ihn dermaßen scharfgemacht hatte, dass er unbedingt mit ihr ficken wollte. Was der Dummkopf dann auch tat, und so wurde es natürlich nur noch schlimmer für ihn, denn jetzt kam er gar nicht mehr von ihr los. In jeder freien Minute zog sie ihm das Geld aus der Tasche. Immer wenn im Laufhaus nicht viel los war, rief sie ihn an und hatte »ein Problem«. Sobald er bei ihr war, konnte er nicht mehr widerstehen. Nach einigen Wochen hatte er kein Geld mehr auf dem Konto und wandte sich verzweifelt an unseren Chef. Der rückte der Kleinen kurz den Kopf zurecht und schickte unseren Hausmeister für drei Wochen auf Firmenkosten in einen Türkei-Urlaub. Als er zurückkam, war die Liebe verflogen, und wir hatten unseren netten Kollegen, der allen half, zurück.

Die drei Porno-Kings

Drei Kölner Jungs – 18, 19 und 20 Jahre alt – schlugen eines Nachts bei uns auf, um Geburtstag zu feiern. Der eine hager und schwächlich, die anderen beiden eher vom Typ

Normalo. Sie wollten unbedingt einen Hardcoreporno mit einer Prostituierten nachstellen, liefen im Laufhaus herum, schauten sich alle Huren an, sprachen mit einigen und entschieden sich letztlich für eine wirklich hübsche Osteuropäerin, die das Ganze für reichlich Schotter mitmachen wollte. Die Jungs hatten genaue Vorstellungen von ihrem Pornodreh und verlangten nach diversen Sex-Spielsachen und einer Liebesschaukel.

Die vier gingen in eines unserer Sadomaso-Zimmer, das mit dem entsprechenden Equipment ausgestattet war, und fingen an, sich für die bevorstehende Geburtstagsfeier zu präparieren. Die drei Jungs zogen sich aus und gingen unter die Dusche. Währenddessen fing die Hure schon mal an, das Equipment und die Gleitcreme vorzubereiten. Da die jungen Freier unbedingt mit der Liebesschaukel beginnen wollten, legte sich die Hauptdarstellerin ihres Theaterstücks schon mal darauf und wartete.

Nach etwa zehn Minuten wurde sie jedoch ungeduldig und ging ins Bad, um zu schauen, wo ihre Kunden blieben. Als sie um die Ecke in die Dusche blickte, traute sie ihren Augen nicht. Die drei Fragezeichen fummelten gegenseitig an sich herum und waren voller Tatendrang, bis sie die Hure bemerkten und plötzlich leicht verschämt und ertappt innehielten. Die Hure gesellte sich zu den drei Jungs und fing an, sie für die Pornoszene vorzubereiten. Nach ein paar aufmunternden Übungen mit ihrem geübten Mund ging das Quartett rüber ins Zimmer. Sie legte sich auf die Schaukel, und die drei Möchtegern-Pornostars mussten feststellen, wie schwierig es ist, vor Publikum seinen Mann zu stehen – selbst dann, wenn es die eigenen Kumpels sind. Bei ihnen ging nichts mehr, sie bekamen einfach keinen mehr hoch, und die werte Geschäftspartnerin musste zu guter Letzt jeden der Burschen einzeln abfertigen. Was die Kumpels nicht davon abhielt, das Ganze im Film und für die Nachwelt festzuhalten und den jeweils aktiven Freund anzufeuern. Das Pornogeschäft ist eben ganz schön hart.

Die Vorleserin

Ein Philanthrop und attraktiver Kerl so um die fünfzig, der uns gelegentlich besuchte, schrieb Gedichte und Bücher. Eines unserer besten Pferdchen im Stall ließ er an seinem Schaffen teilhaben.

Diese Einblicke gab es nur für sie. Aber nicht der Literat las vor, nein, die Hure musste ihm aus seinen Büchern vorlesen. Es war ihm wichtig, was sie über sein neues literarisches Werk dachte, denn er wusste, aus welcher Gesellschaftsschicht sie kam und wie gebildet sie war. Die Hure war nämlich eine ehemalige Literaturkritikerin, stammte aus Tschechien und arbeitete seit einigen Jahren im horizontalen Gewerbe, da es in ihrer Heimat und in Deutschland keinen anderen Job für sie gab. Sie war sehr hübsch,

Anfang dreißig, hatte dunkle, lange Haare und kannte sich bestens im Milieu aus. Und man kann ohne Übertreibung sagen: Dieser Kunde war ihr der Liebste von allen.

Das literarische Verhältnis lief über einen längeren Zeitraum, und nach einigen Monaten, von einem Tag auf den anderen, verschwanden beide spurlos. Sie löste nicht einmal ihr Zimmer auf.

Später stellte sich heraus, dass sie sich ineinander verliebt hatten und gemeinsam nach Frankreich ausgewandert waren, um dort wohl auch zu heiraten. Er hatte in Südfrankreich ein kleines Haus auf dem Land, wo keiner sie kannte und beide ein ungestörtes Leben führen konnten. Und wenn sie nicht gestorben sind, dann bumsen sie noch heute.

Von den Reichen lernt man das Sparen

Die Gäste aus dem Nahen Osten, die bei uns in Gruppen einfallen und behaupten, irgendeinen Scheich im Schlepptau zu haben, um einen Service zu bekommen, der über das Normale weit hinausgeht, dafür aber weniger kostet, haben wir besonders gerne. Aufgeplustert huschen ihre Lakaien meistens vorab in eines der auserwählten Etablissements, um die Damen abzuchecken und den Preis zu drücken. Mit der Zeit hatte ich den Eindruck, dass es in Saudi-Arabien mehr Scheichs als Sandkörner gibt.

An manchen Abenden klingelten gleich drei Ölbarone hintereinander an unserer Pforte – alle mit gehobenen Ansprüchen für kleine Münze.

Ein ganz besonders dreister Fall ereignete sich in der Münchner Pascha-Filiale. Während des Oktoberfests gab sich ein bulliger Fettklops als Scheich aus und wollte sich im Büro des Managers alle Damen einzeln vorführen lassen. Der Manager könne ja so lange an der Bar warten und ein Glas Champagner auf seine Kosten trinken. Was der dann auch tat. Die Ladys gingen also im Büro des Chefs ein und aus, und schließlich bestellte der Fettklops fünf der Damen für 23 Uhr zu sich ins Hotel. Nachdem der Preis verhandelt worden war, zog er von dannen.

Um Punkt 23 Uhr trudelten die Damen im Hotel ein und forderten vorab das vereinbarte Geld. Der angebliche Scheich hingegen wollte den Preis noch weiter drücken und dachte wohl, wenn die Huren schon mal da waren, würden sie bestimmt nicht wieder abhauen. Dem war aber nicht so, die fünf drehten sich auf dem Absatz um und kamen zurück zu uns in den Puff.

Um Punkt 23.30 Uhr klingelte das Telefon, der angebliche Scheich war dran. Die Frauen eben seien ihm zu hässlich gewesen, daher habe er versucht, den Preis zu drücken. Er bat uns, nun fünf andere Frauen zu ihm in Hotel zu schicken. Bei dieser Gelegenheit stellte sich heraus, dass wir es gar nicht mit dem Scheich persönlich zu tun hatten, sondern nur mit seinem Lakaien. Um Mitternacht standen fünf weitere unserer Mädels im Hotel, und der Dussel begann die gleiche Tour von Neuem. Wieder drehten sich die Mädels um und kehrten zurück in den Puff.

Um Viertel nach zwölf klingelte das Telefon erneut, und der Lakaie forderte, wir sollten ihm fünf noch hübschere Damen schicken. Ich fragte ihn, ob er noch ganz sauber im Oberstübchen sei. Wir würden ihm keine einzige Hure mehr vorbeischicken, und er solle sich auch besser nie wieder bei uns blicken lassen. Da fing er an, uns anzuflehen. Wenn keine Frauen kämen, würde er seinen Job verlieren, und er sei nun bereit, auch das Doppelte zu zahlen. Inzwischen ahnten wir, was hier vorging: Anscheinend hatte der Lakaie seinen Boss, der im Hotel auf den Service der Damen wartete, um die durch ein Herunterhandeln gesparte Kohle bescheißen wollen. Jetzt bot er uns sogar 6.000 Euro für die Damen, doch wir lehnten dankend ab und hofften, dass der echte Scheich ihn in der Heimat in die erstbeste Schlangengrube werfen würde.

Swingen im Darkroom

Vor einiger Zeit erzählte mir ein Kollege eine nette Geschichte aus einem bekannten Kölner Bordell. Der Laden hatte als neue Attraktion einen Darkroom eingerichtet, der bei der Kundschaft sehr beliebt war. An den meisten Stellen war der Puff aber schon etwas runtergekommen, die besten Jahre hatte er längst hinter sich. Eines Abends kamen zwei Handwerker, die auf Montage waren, in den Puff und gesellten sich zu den anwesenden Prostituierten. Alle drei waren etwas zu stark geschminkt. Die eine hatte dunkle Haare, war klein und nicht mehr die Jüngste. Die beiden anderen waren groß und blond mit markanten Gesichtszügen und stammten offensichtlich aus Osteuropa. Über Stunden tranken sie mit den beiden Handwerkern Schampus, unterhielten sich, machten Witze und lachten – bis irgendwann eine der Damen fragte, wie es denn mit einem Besuch im Darkroom zu viert aussähe. Die beiden Handwerker überlegten kurz, welche beiden der drei Damen denn für einen solchen Besuch die beste Begleitung wären. So wie es meistens ist, wurde schon nach kurzer Zeit die scheinbar älteste Lady aussortiert, und ab ging's in Richtung Darkroom. Alle vier traten ein, und los ging die Fummelei. Doch schon nach wenigen Sekunden kam einer der beiden Handwerker aus dem Zimmer gestürzt und schmiss sich an den Hals der kleinen dunkelhaarigen und älteren Lady, die immer noch auf ihrem Hocker an der Bar saß. Er packte sie und zerrte sie in den Darkroom. Nur Sekunden später öffnete sich die Tür ein weiteres Mal, und eine der Blondinnen kam fluchend mit halb heruntergezogenem Höschen und raushängendem Lümmel aus dem Zimmer gestolpert: »Scheiß Heteromänner, mit denen kann man nicht mal im Dunkeln Spaß haben!«

Die Knobelbrüder

Eine Gruppe von sechs rüstigen Rentnern betrat eines Vormittags das Foyer am Seiteneingang und fragte an der Rezeption nach dem Club in der elften Etage. Nach kurzer Einweisung zu den Gegeben- und Gepflogenheiten begaben sich die älteren Herren mit dem Fahrstuhl nach oben, wo sie von einigen Damen empfangen und zunächst kurz durch den Club geführt wurden. Schlechte Witze reißend und vor sich hin lachend, machte sich die Altherrenrunde einen Spaß aus ihrer Stippvisite. Nach dem Rundgang nahmen sie in der Lounge an einem großen Tisch Platz. Einer von ihnen kramte aus seiner Tasche einen Knobelbecher hervor, und die Runde fing an zu würfeln. Die Knobelbrüder würfelten so lange, bis der Sieger einer Runde feststand und die Verlierer für einen Gewinner-Freifick ihr Geld zusammenwerfen mussten.

So spielten die alten Herren den Vormittag und den Nachmittag bis in den späten Abend hinein. Zwischendurch verschwand immer wieder mal einer der rüstigen Rentner – einige Male sogar ein und derselbe zweimal hintereinander – für ein paar Minuten, um seinen »Gewinn« einzulösen, und kam mit breitem Grinsen zurück an den Tisch. Sofort nahmen die Herren die Würfel wieder in die Hand, um die nächste Runde zu eröffnen.

Die Damen, die im Hintergrund auf ihren nächsten Einsatz lauerten, tauschten kichernd ihre Erlebnisse aus: Einer der Rentner hatte sein Gebiss auf den Tisch gelegt, bevor er zwischen die Schenkel seiner Auserwählten rutschte und sich oral zu schaffen machte. Die Dame versuchte nun, ihren Kolleginnen zu beschreiben, wie das fleischige Schlabbermaul an ihrer Möse herumgelutscht hatte.

Bei einem anderen hing der Sack so nach unten durch, dass er ihn auch als Knieschoner beim nächsten Fußballspiel hätte gebrauchen können.

Der Älteste der Herren hatte nach dem Abfeuern eine ganze Weile ziemlich bedrohlich gejapst, und die Damen fragten sich, welch mieser Herzschrittmacher ihn wohl noch auf Trapp hielt.

Etliche Würfelrunden später verabschiedeten sich die Knobelrentner mit einem fetten Grinsen, leeren Hängesäcken und dem Versprechen, im nächsten Jahr wieder vollzählig an gleicher Stelle anzutreten.

Nicht alle Dominas überzeugen

Nachts beehrte ein schon etwas angetrunkener Kerl, etwa 40 Jahre alt und mäßig schick gekleidet, unser Laufhaus. Er wolle gerne mal unsere Domina ausprobieren, schließlich habe er schon so viel über das Thema gehört, aber noch null Erfahrung aufzuweisen. Die Kollegen an der Tür ließen ihn selbstverständlich passieren. Seine Neugier sollte befriedigt werden.

Der Freier schlenderte in die entsprechende Etage und besuchte die dort ansässige Domina. Sie erklärte ihm umgehend ihr Programm und die Details: Sie sei lediglich eine »Erfüllungsfachfrau« und stehe für normalen Sex nicht zur Verfügung. Vielmehr sei sie die Herrin und werde ihn demütigen, maßregeln und quälen. Er werde dadurch einen

Orgasmus und seinen Kick bekommen. Ob er sich an das im Zimmer befindliche Andreaskreuz fesseln lassen wolle? Oder vielleicht doch lieber in Frischhaltefolie eingewickelt werden und schwitzen möge? Sie könne ihn dann mit Dildos bearbeiten, fesseln, auspeitschen – und später müsse er ihre Schuhe ablecken und sich an der Hundeleine über den Flur führen lassen. Wenn er dann noch wolle, könne sie ihm auch die Eier mit ihren Absätzen quetschen.

Der Angetrunkene überlegte kurz und sagte: »Okay, bitte genau in der Reihenfolge!« Die Domina staunte nicht schlecht und verlangte 500 Euro im Voraus.

Nach knapp zwei Stunden kam der Typ so gut wie nüchtern und total ausgepowert aus dem Zimmer, begab sich zu mir an die Theke, legte mir 60 Euro auf den Tisch und sagte: »Jetzt muss ich aber echt mal 'ne Runde bumsen und in 'ne Muschi abspritzen!«

Und schon ging's hoch auf die elfte Etage.

Die Weihnachtsfeier

An einem Donnerstagabend im Dezember, an dem es sowieso schon rappelvoll war, schlug im Club eine Gruppe
Versicherungsfuzzis auf und wollte bei einigen kleinen
Nümmerchen ihre Weihnachtsfeier gemütlich ausklingen
lassen. Einer der Herren, sicher der Chef der Truppe, zahlte für alle den Eintritt von 60 Euro pro Nase, und schon
fuhren die gut gekleideten Herren nach oben. Dort machte
sich die Gruppe am größten Tisch im Club breit und orderte extrem vulgär ihre Getränke beim Service. Die Herren
wollten das All-inclusive-Programm voll auskosten, dabei
hätten sie besser alle Wasser getrunken und sich auf den
Heimweg gemacht. Doch sie bestellten alles doppelt und
riefen lautstark nach den Damen. Da die Huren noch mit
anderen Freiern beschäftigt waren, mussten die Versiche-
rungstypen warten, dementsprechend laut war ihr Protest.

Mir schwante schon, dass es eng mit den Mädels werden
würde, also ließ ich einige hübsche Damen aus dem Laufhaus nach oben verlegen. So beruhigte sich die Lage nach
kurzer Zeit.

Die Versicherungsvertreter ließen es richtig gut krachen, und einer nach dem anderen verschwand, um sich mit
einer der Ladys zu vergnügen. Die Typen feierten bis in den
frühen Morgen, und zu später Stunde spendierte der Chef
noch einige Flaschen Schampus. Das Gelage schien kein
Ende zu nehmen.

Erst um vier Uhr morgens wollte der Erste der Herren
gehen und lief sturzbetrunken an mir vorbei zur Tür hinaus. Allerdings stand er zwei Minuten später schon wieder
stocknüchtern vor mir: Ich solle doch bitte seine Versi-

cherungskollegen nach unten rufen, vor der Tür passiere nämlich gerade etwas, dass diese sich unbedingt anschauen sollten.

Ich dachte mir nichts dabei, rief oben an, und zehn Minuten später stolperte die ganze Truppe an mir vorbei aus dem Laden. Als von Natur aus neugieriger Mensch wollte ich natürlich wissen, was da draußen vor sich ging, also folgte ich den Versicherungsfuzzis zur Tür und warf einen Blick nach draußen. Vor dem Haus standen in Reih und Glied die lieben Gattinnen der Puffgänger und machten eine Mordsszene. Einer nach dem anderen wurde ins Auto verfrachtet und wie ein Schuljunge nach einer verbockten Klassenarbeit abtransportiert. Ich musste mich wirklich zusammenreißen, um nicht vor Lachen die Treppe herunterzufallen.

Es stellte sich heraus, dass einer der Typen sein Handy zu Hause vergessen und die werte Gemahlin die SMS eines Kollegen gelesen hatte, bei der es um den weiteren Fortgang des Abends nach der offiziellen Weihnachtsfeier ging. Die Gemahlin hatte sofort eine Telefonkette unter den betroffenen Ehefrauen gestartet, die dann, aus wahrer Liebe, vor dem Puff gewartet hatten – bis der erste Depp nach dem feuchtfröhlichen Weihnachtsfick nach draußen kam.

Vorsicht, Kamera!

Auch viele meiner Freunde arbeiten im Milieu, und da tauschen wir uns natürlich immer wieder über Geschichten aus, die auf der Arbeit passieren. Als wir eines netten Abends im Angestellten-Bistro des Pascha zusammensaßen, erzählte uns einer der Jungs von einer Hure, die in einem uns bestens bekannten Bordell den Ruf des Gewerbes in Misskredit gebracht hatte.

Sie war recht hübsch und gerade mal Mitte zwanzig, stammte aus Südeuropa und war schon einige Zeit in diesem Puff tätig. Die Dame war sehr fleißig, bot ein Top-Programm und hatte einige Stammgäste, die sie mehrmals in der Woche besuchten. Neben ihrer Tätigkeit als Hure führte sie scheinbar ein echtes Luxusleben.

Die Kollegen und Kolleginnen dachten sich erst nichts dabei, als sie mit einem schicken Sportwagen vor der Tür parkte, Designer-Klamotten und teure Handtaschen anschleppte. Doch als sie sich die Titten, den Hintern und dann noch die Nase machen ließ, schöpften die ersten Verdacht. Sie nahmen an, die Hure würde mit Drogen handeln, und redeten auf sie ein, bloß keine illegalen Sachen zu machen. Doch die Angesprochene d beteuerte, nichts mit Drogen oder Ähnlichem etwas zu tun zu haben. Sie habe eben hart gearbeitet, und außerdem habe ihr eine Tante eine gute Summe Geld vererbt.

Das schien die Kollegen zu beruhigen, und sie ließen Miss Luxusleben für einige Monate in Ruhe, bis diese sich wieder unters Messer legte und einen noch teureren Sportwagen kaufte.

Jetzt wollten es die lieben Kollegen genau wissen, ließen sie beschatten, horchten ihr Umfeld aus und stellten sie ein weiteres Mal zur Rede. Wieder ohne Erfolg. Miss Luxusleben beteuerte erneut, dass alles mit rechten Dingen zugehe und sie lediglich sehr hart arbeite. Sie sei völlig unschuldig und habe mit Drogen nichts am Hut.

Nach einer Weile und ganz unverhofft kam an einem lausigen Mittwochabend die Schmier in den Laden eingeflogen. Sie verhaftete die Lady, durchsuchte alle Zimmer, stellte eine Kamera im Zimmer der Hure sicher und verrammelte die Tür des Puffs von außen.

Es stellte sich im Nachhinein heraus, dass die Gute bei jeder Gelegenheit eine oder zwei Kameras hatte mitlaufen lassen. Die so entstandenen Filme hatte sie für viel Geld den Freiern angeboten oder sie wahlweise als Pornos im Netz verbreitet. Durch einen blöden Zufall war sie aufgeflogen. Ein ehemaliger Gast, der auf die Erpressung nicht eingegangen war, hatte sich selbst im Internet erkannt und die Polizei alarmiert.

Lagerfeuerromantik

Eine Gruppe von skandinavischen Motorradfahrern auf Europatour schaute unerwartet bei uns im Pascha vorbei. Die Jungs wollten sich von den miesen Zuständen in unserem Haus, über die bei ihnen im Fernsehen berichtet worden war, selbst überzeugen. In der betreffenden Reportage war von Menschenhandel und Ausbeutung bis hin zu Folter und schwerster Körperverletzung die Rede gewesen, und es war der Eindruck erweckt worden, in unserem Kellergewölbe gehe es zu wie zu Zeiten der Inquisition.

Aus schierer Neugierde auf diese scheinbar mittelalterlichen Zustände marschierten die sechzehn Rocker in ihrer Lederkluft durch die Räumlichkeiten und fragten die Angestellten nach den »verbotenen« Zimmern. Etwas irritiert von dieser Beschreibung, führte sie einer der Jungs von der Aufsicht zu einem der Sadomaso-Zimmer. Als ihnen das stilecht eingerichtete SM-Zimmer als vermeintliche Folterkammer präsentiert wurde, brachen die harten Rocker in tosendes Gelächter aus.

Sie hatten verrostete Käfige mit verwahrlosten, halb nackten und minderjährigen Mädchen, die in ihren Fäkalien kauerten, erwartet. In ihren barbarischen Vorstellungen enttäuscht, machten sie das Beste aus der Situation und nahmen kurzerhand die halbe Lounge auf der elften Etage in Beschlag. Im Halbkreis saßen sie vor unserem Elektrokamin, der mit seinen Leuchtdioden dem Betrachter ein offenes Feuer vorgaukelt. Die Szenerie hatte etwas von der guten alten Lagerfeuerromantik. In ihrer Lederkluft, mit den dicken Bäuchen, den langen Haaren und den Rauschebärten leerten sie eine Flasche Wodka nach der anderen. Sie mixten ihn mit reichlich Bitter Lemon und viel Eis in einer Champagnerschale, in der die Flaschen eigentlich gekühlt werden sollen. Die Schale ließen sie wie in einer Zeremonie durch ihre Reihen gehen, wobei jedes Mal Haare und Bärte in der Schale hingen und sie die Wodkareste aus den Mundwinkeln zurück in die Schale sabberten. Obwohl es eklig aussah, hatte es auch etwas Feierliches, die bei gedämpftem Licht im Halbkreis sitzenden und in einer eigenartigen Sprache brummenden Rocker zu beobachten.

Ab und zu verschwand einer von ihnen, ging wie zu einer Opfergabe zum Bumsen in eine der Suiten und kam etwas später verschwitzt und oberkörperfrei wieder zurück. Die massigen Körper der Rocker waren übersät mit Abbildern alter nordischer Gottheiten.

Der Laden muss bleibende Erinnerung hinterlassen haben, denn seither kehren immer wieder Rockergruppen aus dem skandinavischen Raum bei uns ein, und alle behaupten, sie kämen auf Empfehlung der oben genannten Truppe.

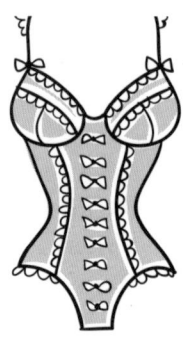

Warum sich langweilen, wenn man auch Spaß haben kann?

Es ist nicht so, dass die Damen in unserem Gewerbe alle aus der Not heraus im Puff arbeiten. Es gibt auch solche, die sich sehr gerne von wildfremden Männern für Geld ficken lassen – und manche suchen an langweiligen Tagen auch gerne mal anderweitige Abwechslung.

Ein sehr heißer Dienstagnachmittag im Sommer war einer dieser Tage. Es passierte: nichts! Kaum ein Freier verirrte sich ins Haus. Einige Damen gingen für ein paar Stunden nach Hause, andere versuchten sich durch das langweilige TV-Programm der Privatsender zu unterhalten, was bekanntermaßen völlig unmöglich ist. Wieder andere gingen an die Bar oder in die Aufenthaltsräume, um sich mit den Kolleginnen auszutauschen und abzulenken. Oder sie spielten irgendwelche Gesellschaftsspiele.

Es gab aber auch zwei Huren, die eine etwas andere Idee hatten. Die beiden verschwanden auf einem der Zimmer und vergnügten sich gemeinsam. Sie machten lustige lesbische Spiele, fickten sich mit ihren Umschnalldildos ordentlich durch und genossen auch all die anderen Überraschungen aus dem großen Sortiment der Erwachsenenspielsachen. Jeder, wie er mag. Das Treiben der beiden störte schließlich niemanden, und da das Haus fast menschenleer war, bekam es zunächst auch keine Menschenseele mit. Erst als eine der beiden wild schreiend auf den Flur lief und lauthals um Hilfe schrie, kam etwas Action in die gelangweilte Gesellschaft. Wir stürmten alle zu ihr ins Zimmer, und da saßen die beiden lustigen Huren, schauten uns mit ihrem unschuldigsten Blick an und sagten ganz trocken: »Wollt ihr alle ficken, oder warum seid ihr hier!?« Beide bekamen einen Lachanfall. Wir gingen wieder gelangweilt unserer Wege und taten so, als wäre nichts passiert. Denn natürlich war es nicht das erste Mal, dass diese beiden Hühner einen Clown gefrühstückt hatten.

Ein Freier, der zufällig von dem Gebrüll angelockt worden war und die ganze Szene mit offenem Mund verfolgt hatte, blieb dann gleich bei den beiden Spaßvögeln im Zimmer und hatte seinen Spaß.

Ein Haus in Kolumbien

Dies ist die Geschichte vom rasanten Niedergang eines Managers. Der gute Mann – Anfang 50, leichter Bauch- und Glatzenansatz – tauchte vor zirka drei Jahren zum ersten Mal bei uns auf. Damals betrat er das Etablissement noch schüchtern und sichtbar verunsichert, doch aus seinen Augen funkelte bereits die große Gier nach käuflichem Sex.

Seine ersten Besuche liefen recht unspektakulär ab. Er suchte sich schnell eine Hure aus, meist zierlich, dunkelhaarig und ausgesprochen hübsch, und verschwand dann mit ihr im Zimmer. Nach einer Stunde ohne große Extras war das käufliche Liebesspiel beendet. Den Blick meist verschämt nach unten gerichtet, machte sich der Karrieretyp wieder auf den Weg nach Hause.

An einem düsteren, eiskalten Februartag nahm dieses beinahe monatliche Ritual eine abrupte Wendung. Auf der Suche nach dem nächsten sexuellen Abenteuer verschlug es den Typen auf die dritte Etage. Und genau dort nahm das Schicksal seinen Lauf. Anna, eine rassige Kolumbianerin Anfang 20, hatte dort vor zehn Tagen ihren Job angetreten. Zierlich, dunkelhaarig und bildhübsch – genau das Beuteschema des herumstreunenden Managers.

Es war quasi Liebe auf den ersten Blick – wenn auch recht einseitig. Anna hatte ihn mitten ins Herz getroffen – eine ganz gefährliche Sache. Der Typ vergnügte sich mit ihr schon beim ersten Mal gute drei Stunden lang. Und das war nur der Anfang eines rasanten Absturzes.

Der Manager kam jetzt mindestens einmal die Woche – und natürlich wollte er nur eine: Anna. Die Treffen wurden von Mal zu Mal ausschweifender und extremer. Aus Liebe war der Stammfreier mittlerweile zu vielem, ja zu fast allem bereit. Die Kolumbianerin überredete ihn dazu, Koks zu besorgen.

Die ersten Koks-Orgien verliefen noch ganz nach dem Geschmack des alternden Managers. In der Regel blieb er die ganze Nacht bei der heißblütigen Anna. Sex-Koks-Sex-Koks – das war der bestimmende Rhythmus. Beide hatten ihren Spaß, doch nur einer musste die Zeche bezahlen. Regelmäßig wechselten am nächsten Morgen bis zu 3000 Euro den Besitzer. Nicht schlecht ...

Die Kolumbianerin nahm ihren Goldesel so richtig aus und überredete ihn, auch ihre Freudinnen, die nur eine Tür weiter arbeiteten, zu den Orgien einzuladen.

Die Liebe und das viele Koks mussten das Hirn des Typen so richtig vernebelt haben. Er ließ sich auf jede auch noch so schmutzige Idee ein – nur um Anna zu gefallen.

So lief das Spielchen fast drei Jahre. Goldesel und Hure ergänzten sich prima. Doch der Typ hatte sich in dieser Zeit finanziell völlig übernommen. Er stand mit einem sechsstelligen Betrag in der Kreide. Regelmäßig pumpte er seine Kumpels an, um wenigstens die Miete zahlen zu können.

Er versuchte, das triebhafte Treiben zu beenden, doch die Gefühle und mittlerweile auch die Sucht nach Koks waren stärker.

Nach einer der Orgien lagen Anna und ihr Goldesel wieder einmal völlig zugedröhnt und ausgepumpt auf dem Bett.

Er: »Anna, was hast du eigentlich mit der vielen Kohle angestellt, die ich dir schon rübergeschoben habe?«

Sie: »Davon habe ich ein Haus in der Nähe von Bogota gekauft. Wenn du willst, kannst du dort mal Urlaub machen – es gehört ja irgendwie auch dir ...«

Der wieder einmal Vollgekokste lächelte nur müde, drehte sich rum und träumte von einem gemeinsamen Urlaub in »seinem« Haus. Danach wurde er nie wieder gesehen.

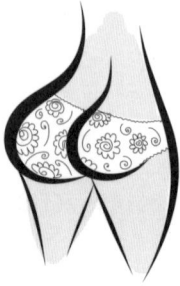

Das erste Mal

Zwei Kumpels, beide recht knapp über 18, stolperten bei uns rein, um Neugier und Triebe zu befriedigen. Kurz gesagt: Ihr erstes Mal im Puff ... Bei der drallen Angela machten die beiden dann halt. Der eine stand im Türrahmen und glotzte doof in ihr Dekolleté. »Äh, was kostet das denn so?«, fragte er locker aus der Hüfte. »Na ja, 50 Mark für's Blasen und 80 Mark für Verkehr. Aber sagt mal, wie alt seid ihr denn eigentlich?« »Also, wir sind 18!«, kam es fast unisono, und beide zeigten unaufgefordert ihre Schülerausweise vor. Angela grinste und grübelte, denn sie wusste, was auf sie zukam: Entjungferung.

Am nächsten Tag berichteten die beiden stolz ihren Kumpels vom ersten Puffbesuch – und wurden mit Fragen gelöchert: »Und die hatten geile Reizwäsche an?«, »Die haben sich wirklich mit euch unterhalten?«, »Habt ihr euch verliebt?«. Schnell planten die Schüler fürs Wochenende eine weitere, größere Tour. Dabei stand ein weiteres Highlight auf dem Plan: Auch Olaf, der schüchterne Computerfreak, sollte endlich ran an die Frauen: »Ich habe von meiner Patentante gerade 100 Mark für eine neue Festplatte bekommen. Egal. Ich will bumsen!« Alle blickten mit großer Vorfreude dem Wochenende entgegen.

Sie tranken als Vorspiel reichlich Alkohol, um die aufkommende Nervosität einigermaßen in den Griff zu bekommen. Vor allem der gestörte Computerfreak schaute extrem tief ins Glas. Er vermittelte einen eher hilflosen Eindruck, als er das Bordell betrat. Die schwarze Cynthia fand das aber sehr süß. »Na, dann komm mal mit!«, forderte sie ihn auf und schleifte ihn in ihr Separee. Die anderen warteten vor dem Eingang. Nach einer Stunde kam der Schulfreund wieder raus und verlangte erst mal ein Bier. Dann sprudelte es aus ihm heraus: »Es war eine Katastrophe. Erst haben wir eine Zeit lang schön erotisch getanzt. Na ja, und dann sollte es endlich losgehen, aber irgendwie hat es bei mir überhaupt nicht geklappt. Ich hab einfach keinen hochbekommen.« Ja, ja, der böse Alkohol. Eine Erfahrung fürs Leben.

Der Betriebsunfall

Es war erst früher Nachmittag, aber trotzdem hatte unser Laufhaus schon eine große Auswahl an Girls zu bieten. Ein Kerl – Typ verheirateter Versicherungsvertreter – genehmigte sich erst einmal in aller Ruhe ein Glas Kölsch, bevor er sich dann für eine gut aussehende Prostituierte à la Jennifer Lopez entschied. Die süße Hure war um die 20, sehr schlank und hatte einen geilen Knackarsch und noch geilere Titten.

Im Zimmer zog die Hure den Versicherungsvertreter erst einmal aus, nahm dann seinen kleinen Mann in die Hand und streichelte ihn zärtlich. Dann begann sie ihn oral mit der Zunge zu bearbeiten. Er durfte sich dabei ausgiebig mit ihren Brüsten befassen. Geschickt stülpte sie ihm das Kondom mit dem Mund über und rollte es, ohne ihre Hände zu benutzen, ganz ab. Gekonnt ist gekonnt.

Die Professionelle schaute ihm dann tief in die Augen und fragte nach der gewünschten Stellung. Er entschied sich, faul zu sein, legte sich auf den Rücken und ließ die Kleine aufsteigen. Das hatte den Vorteil, dass er beim Vögeln besser mit ihren Titten spielen konnte. Leider hielt der Freier diese Stellung nicht sehr lange durch. Nach nur wenigen tiefen Stößen kam der Typ plötzlich und gewaltig. Das Gummi wäre sicher bis zum Anschlag mit seinem Saft gefüllt gewesen, wenn sie es denn gefunden hätten. Erst nach intensiver Suche und nur mithilfe einer Kollegin wurde das gute Stück in ihr gefunden. Der Kerl war völlig verstört, fürchtete sich vor irgendwelchen Krankheiten und wollte nur noch raus aus dem Haus. Er verließ es auf dem schnellsten Weg und hatte sicher noch ein Weilchen Schiss in der

Büx – völlig überflüssig, denn die Mädels gehen regelmäßig zum Arzt. Die Hure sah den kleinen Berufsunfall entspannter und ging sofort wieder zur Tagesordnung über.

Einfach mal ausprobieren

Ein schon seit vielen Jahren gern gesehener Stammgast im Laufhaus kam eines Tages zu mir und bat um Rat. Anfänglich etwas schüchtern, erzählte er, dass es ihm sehr schlecht gehe und er finanziell am Ende sei. Daher suche er einen Job, durch den man recht schnell sehr viel Geld verdienen könne. Im ersten Moment war ich sprachlos, denn ich hatte ihn für solvent und seriös gehalten. Aber da stand er nun, mit leeren Taschen und seinen großen runden Dackelaugen. Ich überlegte einen Moment und erklärte ihm, dass alle, die hier arbeiten wollen, den gleichen Wunsch haben, aber bisher haben es nur die wenigsten geschafft. Und als Handwerker oder bei der Sicherheitstruppe würde er nie im Leben genug verdienen, um die Pleite abzuwenden. Aus Spaß schlug ich ihm – dem Hetero-Freier – vor, er solle es doch einfach in der siebten Etage bei den Transen versuchen, da sei nämlich noch ein Zimmer frei.

Er schaute mich an und fragte allen Ernstes: »Wann kann ich anfangen?«

Ich dachte, ich hätte mich verhört, aber dem war nicht so. Er wollte das Zimmer unbedingt haben, und zwei Tage später stand er wieder bei mir auf der Matte, machte ernst und begann seinen Job auf der Siebten. Er mietete das Zimmer, befragte seine Zimmernachbarn, wie das Gewerbe so funktioniert, kaufte sich Schminke, Frauenklamotten und eine Perücke, machte ein paar Testficks mit den besagten Nachbarn der angrenzenden Zimmer und startete seine Karriere als Transe im Puff. Kaum zu glauben, aber er hat dort wirklich einige Zeit angeschafft. Offenbar sogar recht erfolgreich, denn nach einiger Zeit fuhr er einen schicken Wagen. Und ein Jammern hab ich aus seinem Mund auch nie wieder gehört.

Hausbesuch

Gegen zwei Uhr morgens bekam ich einen Anruf. Ein mir gut bekannter Kunde fragte nach einer Dame, die auch für Hausbesuche zur Verfügung stehe. »Bitte mit blonden langen Haaren und viel Holz vor der Hütte« – so sein Wunsch. Außerdem solle sie bereit sein, sich von drei Typen durchficken zu lassen. Ich brauchte nicht lange zu überlegen und schickte ihm eines unserer heißesten Girls. Die Kleine machte einfach alles mit, ohne Wenn und Aber – ein echtes Ferkel, aber sehr scharf.

Als ich dann am nächsten Tag zur Arbeit kam, erzählte mir die Lady von einem netten Abend: Als sie bei dem Kunden klingelte, waren dieser und seine beiden Freunde schon so voll mit Alkohol und Koks, dass sie sich nicht mal mehr an ihre Bestellung der Dirne erinnern konnten. Die Lady ging aber wie selbstverständlich in die Wohnung, kassierte ihr Honorar und versuchte den Jungs ihr Programm zu erklären. Die saßen mit großen Augen und völlig breit vor ihr und lauschten ihren Worten. Kurz entschlossen machte sie sich ans Werk, zog sich und die Kerle aus und versuchte vier geschlagene Stunden lang, ihnen den Saft aus den Prügeln zu pressen. Doch daraus wurde nichts, denn die drei bekamen einfach keinen mehr hoch. Auch als sie versuchte, die Jungs einzeln und einen nach dem anderen in der Küche, auf dem Sofa und im Bett abzufertigen, regte sich nichts. Das süße blonde Ferkel ging um sechs Uhr morgens nach anstrengender Hand- und Blasarbeit und fast unverrichteter Dinge nach Hause. Sie lachte immer noch, als sie vor mir saß und mir die Geschichte der vergangenen Nacht erzählte.

Über Geschmack lässt sich nicht streiten – oder doch?

Einfach unglaublich! Ein gepflegter, normal wirkender Herr war gewillt, für jedes benutzte Kondom aus dem Mülleimer der anderen Zimmer, das er ausschlürfen durfte, eine Extra-Prämie zu zahlen. Der im Club allseits bekannte Freier – ein Geschäftsmann mit grau meliertem Haar, Mitte 50, gebildet, sympathisch, zurückhaltend – steigerte tatsächlich sein

Lustempfinden, indem er beim Liebesakt mit einer Dame gebrauchte Kondome auslutschte. 20 Euro extra pro benutztes Gummi – das ließ sich kaum eine der Damen entgehen, und so sammelten alle im ganzen Haus akribisch die Lümmeltüten ein. Also husch, husch und eifrig ans Werk – die Eimer durchstöbern! Der Gast schlürfte genüsslich und teilte sein Wohlbefinden mit den Damen: »Mmmhh, da hat einer viel Knoblauch gegessen heute, lecker!« Jedes Kondom schmecke anders, verkündete er schmatzend und erkannte tatsächlich immer, was die anderen Freier zuvor gegessen oder getrunken hatten. Ob Knoblauch, Zwiebeln oder Ananas – die Trefferquote lag wahrscheinlich bei 100 Prozent.

Wir dachten schon drüber nach, ihn bei »Wetten, dass ...?« anzumelden und ihn anhand der Spermaprobe zwanzig Stammgäste des Puffs und das, was sie zuletzt gegessen hatten, erkennen zu lassen. Als Wettpate würde sich Sasha Grey anbieten. Das wäre doch eine wirklich schöne Wette für eine nette Samstagabend-Familienshow.

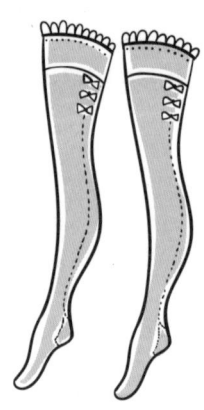

Lukrativer Nebenjob

Bis zu ihrem 23. Lebensjahr verlief der Alltag von Karin richtig bürgerlich, ja fast schon spießig. Morgens ging die extrem hübsche Rheinländerin ins Büro und arbeitete acht Stunden als Empfangsdame bei einem mittelständischen Unternehmen. Der Job war irgendwie okay, aber auch nicht besonders erfüllend, und schnell machte sich Langeweile breit. Außerdem gab es da noch ein weiteres großes Problem: die mäßige Bezahlung, durch die Karin fast ständig knapp bei Kasse war. »Ich ging halt schon immer gerne mit meinen Freundinnen shoppen, und so was geht ganz schön ins Geld«, verriet sie mir eines Abends etwas angetrunken.

Also suchte sie nach Auswegen aus dem Dilemma. Eine Lösung bahnte sich schnell an. Eine Bekannte aus dem Fitnesscenter gab ihr den entscheidenden Tipp, der ihr Leben grundlegend verändern sollte. Und so stand sie eines Tages bei uns vor Tür. Es war der Anfang einer Karriere im Rotlichtmilieu.

Anfangs hatte sie noch leichte Hemmungen, es mit den Freiern zu treiben. Doch schon bald war diese Zurückhaltung wie weggeblasen. Von Nacht zu Nacht fand sie größeren Spaß an ihrem Zweitjob – sehr zur Freude ihrer zahlreichen Freier. Mit der Zeit war es für sie ein Job wie jeder andere, mit dem einen kleinen Unterschied: Das Geld stimmte diesmal.

Ihre Bürokollegen sollten natürlich nichts von ihren Nachtaktivitäten erfahren. Es war zwar unwahrscheinlich, aber sie hatte immer noch ein wenig Angst davor, dass ihr Chef oder ein Arbeitskollege das Bordell besuchte und sie auffliegen würde.

Ihren alten Job wollte sie jedoch keineswegs kündigen. Und das aus gutem Grund: »Die Arbeit als Prostituierte macht viel Spaß, aber ich weiß nicht, ob ich das auch noch mit 40 machen will. Daher arbeite ich auch erst mal weiter im Büro.« Doppeltes Einkommen – doppelter Spaß.

Zu zweit ist's ja auch ganz schön

Zwei Machos, wie sie im Buche stehen, betraten unser Kölner Haus und verschwanden direkt ins Laufhaus-Bistro an die Bar. Sie waren aufgepumpt wie Bodybuilder, mit frisch gegeltem Haar, frisch rasiert und ölig glänzend. Mit ihren engen Shirts und zerrissenen Jeans machten sie auf dicke Hose und wollten wahnsinnig cool wirken. Tatsächlich kamen sie eher uncool, arrogant und überheblich rüber. Zum Erstaunen aller verlangten die beiden ein Mädel für einen Dreier: »Hey, wir haben echt was zu bieten und sind total geil. Welches Mädel will sich mit zwei heißen Hengsten mal so richtig vergnügen?«

Eine Dame fand sich und begleitete die starken Jungs aufs Zimmer. Schnell kamen Drogen ins Spiel, weißes Pulver wurde von den Jungs wie selbstverständlich herumgereicht. Die Freier zogen sich eine Line Koks nach der anderen rein. Als das Marschpulver während des Liebesspiels zur Neige ging, baten sie ihre Liebesdienerin, sie solle ihnen aus dem Porsche vor der Tür, den Beutel mit Nachschub holen.

Sie machte sich auf den Weg und ließ die zwei Machos allein. Als sie wieder zurückkam, traute sie ihren Augen nicht und schlug die Hände über dem Kopf zusammen.

»Ey, hallo, was macht ihr denn da?«, fragte sie erschrocken. Davon ließen sich die Bodybuilder nicht beeindrucken. Sie waren tief ineinander verkeilt, 69er-Stellung. Der Hure entglitten die Gesichtszüge, als sie die beiden beobachtete, wie sie gegenseitig an ihren Gemächten herumlutschten und -knabberten. »Aufhören, sofort!«, schrie sie außer sich.

Die coolen Boys aber fühlten sich noch mehr animiert und legten jetzt richtig los, Auge in Auge mit der fassungslosen Zuschauerin, die den beiden für den nächsten Puffbesuch die siebte Etage mit den Transen empfahl.

O'zapft is!

Während des Oktoberfestes in unserer Münchener Filiale hatten wir Besuch von einem älteren, untersetzten, bayrischen Wurzelsepp in offensichtlich sehr teurer Tracht mit Hut und Janker.

Sein Auftreten war so unsympathisch wie sein Ego groß und sein Ranzen fett. Schweißtriefend und mit einer Alkoholfahne pöbelte er herum und wollte eingelassen werden. Seine Erscheinung ließ vermuten, dass er auf der Wiesn maßlos fettigen Schweinebraten verschlungen und unzählige Liter Weißbier in sich hineingekippt hatte. Wir gewährten ihm trotzdem Einlass. Kunde ist Kunde, und Kohle ist Kohle.

Kurze Zeit später kam eine zierliche, dunkelhaarige und ziemlich niedliche Thailänderin in mein Büro und fragte, welchen Kurs sie aufrufen solle, wenn sie das bayerische Mastschwein auf ihren Bauch scheißen lasse.

»Was immer dir das wert ist«, antwortete ich angewidert, und sie ging zurück in die Honeymoon-Suite.

Nach getaner Arbeit kam sie, offenbar auf dem Weg zur Waschmaschine, mit einem Paket vollgeschissener Handtücher bei mir vorbei. Ich stand auf, gab ihr einen leichten Klaps auf den Hinterkopf und fragte: »Hat der Typ dir auch ins Hirn geschissen?« Mit diesen Worten schickte ich sie zur Mülltonne. Bloß weg mit dem Zeug.

Nur einen Augenblick später kam ein Stammgast vorbei und sagte: »Dahinten, auf dem Gang bei den Zimmern, steht eine dicke, nackte Person und pisst in den Mülleimer.«

Voller Freude, endlich einen Grund zu haben, dem dicken Scheißer eine Ansage zu machen, sprintete ich zu dem besagten Flur. Dort angekommen, hielt ich kurz inne. Ja, ich hatte große Lust, dem Typen so richtig ordentlich und tatkräftig den Marsch zu blasen. Aber er hatte bezahlt, er war ein Freier, und Freier werden in der Regel gut behandelt. Nicht nur von den Mädchen, sondern auch von uns, die für Sicherheit und Ordnung sorgen müssen. Ich tippte also auf seine Schulter und meinte tadelnd: »Eh, das ist aber sehr ungezogen, das kostet Strafe – 500 Euro.« Der Wurzelsepp kramte in seiner Lederhose und drückte mir kommentarlos die 500 Euro in die Hand.

Eine halbe Stunde später klopfte es an meine Bürotür. Der bayerische Fettsack kam in mein Büro herein, gab mir seine schwarze Kreditkarte und sagte: »Ich musste schon wieder pissen – zieh mal 500 Euro durch!«

Karriere im Milieu

Wenn Natascha durch die Stadt flanierte, drehten sich die Typen reihenweise nach ihr um. Kein Wunder. Die Brünette war ein echtes Gerät, und das wusste sie auch. »Im Laufe der Pubertät ist mir so langsam klar geworden, dass ich mit einer Klasse-Figur gesegnet bin, der liebe Gott hat es wirklich gut mit mir gemeint.« Ihre genauen Maße kannte sie nicht. Ich tippte auf 95-60-90.

Seit ein paar Wochen war ihr Luxuskörper ihr größtes Kapital: Die 22-Jährige arbeitete als Prostituierte bei uns im Bordell – und das schon am Anfang sehr erfolgversprechend. Auch von zwei schönen Erlebnissen konnte die Neuhure bereits berichten. Gleich an ihrem ersten Arbeitstag – oder besser gesagt: in ihrer ersten Nacht – ging ein Kunde mit ihr aufs Zimmer. Er war knapp über 20 – Typ Erstsemester Sozialpädagogik – und, wie sich im Laufe des Abends schnell herausstellte, noch ohne größere Erfahrung in Sachen Sex. »Das hat mir echt Spaß gemacht, dieses Jüngelchen in die Geheimnisse des Sex einzuführen.« Natascha gab alles, und er kam nur zwei Tage später erneut vorbei und wollte gleich noch mal.

Ein anderer Freier besorgte es ihr exakt so, wie sie es gern mag. »Da fehlte wirklich nicht viel, und ich hätte einen Orgasmus gehabt.«

Von einer Schulfreundin, die zwei Klassen über ihr war, war sie heiß gemacht worden auf den Job im Laufhaus. Die Freundin fuhr damals schon ein tolles Cabrio und trug immer schicke Klamotten. »Als ich sie fragte, wie sie sich die teuren Sachen leisten konnte, lachte sie: Sie würde doch bloß das tun, was alle Frauen täten. Allerdings für Kohle. Und wenn auch ich dazu Lust hätte, solle ich sie anrufen.«

Natascha grübelte lange, bis sie sich endlich traute. Die beiden verabredeten sich, und sie stellte Fragen ohne Ende über Kunden, Kohle und sonstige Dinge aus dem Puff. Ihre Schulfreundin verriet ihr noch einen Haufen Tricks, die sie bei der Arbeit im Bordell gut gebrauchen konnte. Kurze Zeit später spannte Natascha ihrer Schulfreundin den Freund aus und sorgte dafür, dass sie das beste Zimmer im Bordell bekam. Natascha entwickelte sich prächtig und war perfekt geeignet fürs Milieu. Ein echtes Miststück! Es war der Beginn einer »wundervollen Karriere« im horizontalen Gewerbe.

Alles nur geklaut

Über einige Monate beschäftigte ein dubioser Unbekannter das Milieu. Niemand kannte ihn, doch er genoss das süße Leben in vollen Zügen, wenn auch leider nur kurz: Binnen weniger Wochen haute der Typ – Mitte 20 und eher unscheinbar – in den Bordellen von Köln eine stolze Summe auf den Kopf. Er verjubelte das Geld für käuflichen Sex in allen Variationen, war eine Zeit lang der König im Kölner Rotlichtmilieu, und die Damen lagen dem spendablen Freier quasi zu Füßen.

Aber nicht nur ihnen war der Typ, der mit der Kohle nur so um sich warf, äußerst suspekt. Lange konnte sich keiner erklären, wie der Nachwuchsfreier zu seinem plötzlichen Reichtum gekommen war. Schließlich wurde das Geheimnis gelüftet. Die gesamte Kohle war nicht legal erworben worden, sie stammte aus einer Reihe von Banküberfällen. Wenige Wochen zuvor hatte im Kölner Umland ein mit Kapuze und schwarzer Sturmhaube maskierter Mann die Angestellten mit einer Pistole bedroht und die Herausgabe von insgesamt 250.000 Euro erzwungen. Bei der Flucht ließ er immer eine Bombenattrappe in der Bank zurück. Nachdem die Polizei eine Belohnung auf den Bankräuber ausgelobt hatte, gingen zahlreiche Zeugenhinweise ein, sicher auch einige aus dem Kölner Milieu. Diese führten schließlich zur Festnahme des Möchtegern-Casanovas. Das süße Leben fand ein abruptes Ende. Die Huren hatten einen Freier weniger und der Jüngling ohne festen Wohnsitz nun wieder eine Meldeadresse: die Anschrift vom »Klingelpütz« in Köln-Ossendorf, dem Hochsicherheitsknast.

Spionage bei Puffpremiere

Sex im Puff, das muss man einfach mal ausprobieren. Das dachte sich auch ein Kumpel von mir, als seine Freundin nach einer Mandelentfernung für eine Woche im Krankenhaus lag und er die Gelegenheit nutzte, um seine erste Pay-Sex-Erfahrung zu machen. Etwas aufgeregt begutachtete er die Huren auf den verschiedenen Etagen. Vor einem Zimmer saß eine extrem geil aussehende Bulgarin, die es ihm angetan hatte. Er ließ sich nicht lange überreden und folgte ihr aufs Zimmer. Und was dann passierte, erzählte mir mein Kumpel hinterher mit glänzenden Augen.

Mit der Zunge umkreiste sie seine Eichel und massierte ihm dabei die Eier. Dann spuckte sie ihren Speichel auf den Schwanz und begann einen schönen tiefen Deepthroat.

Nach einigen Minuten hörte sie mit dem Blasen auf und zog geschickt ein Kondom über seinen Schwanz. Sie setzte sich mit ihrer engen Pussy rückwärts auf ihn und begann, wie wild zu reiten. Sie ging dabei richtig heftig ab, es schien ihr also auch Spaß zu machen.

Nach ein paar Minuten in dieser Position wollte mein Kumpel allerdings nicht länger den Passiven spielen. »Ich will dich jetzt ordentlich knallen!« – »Aber natürlich, Süßer! Rammel mich mit deinem geilen Schwanz!« Er war mittlerweile total geil. So hatte er sich schon lange nicht mehr gefühlt. Er fickte die Hure in verschiedenen Stellungen, bis er seinen Orgasmus nicht mehr länger zurückhalten konnte und sein Sperma ins Tütchen spritzte. So geilen Sex ohne Verpflichtungen gibt es wohl nur mit den Huren im Puff, dachte er – und kam in dieser Woche noch weitere vier Male vorbei. Was er nicht wusste, war, dass seine Frau seinen

Telefonortungsdienst aktiviert hatte. Nach dem Krankenhausaufenthalt stellte sie ihn zur Rede, um in Erfahrung zu bringen, was er denn ständig auf der Hornstraße zu tun gehabt habe. Es gibt nämlich außer dem Pascha nicht viele andere Gründe, um ausgerechnet dieser Gegend einen Besuch abzustatten.

Der Monsterschwanz vom Ordnungsamt

Nicht immer herrscht unter den Damen im Bordell Friede-Freude-Eierkuchen-Stimmung.

Besonders im Laufhaus, wo die Frauen wie in Legebatterien auf- und nebeneinandersitzen, gibt es bei einer Flaute den üblichen Futterneid. Da gönnt die eine der anderen nicht einmal den Dreck unter den Fingernägeln.

Gerade Damen, die neu und unerfahren sind, haben gegenüber den Althuren einen schweren Stand. Zeigt eine Schwäche, rotten sich die erfahreneren Damen zusammen, um die jungen Dinger wieder von ihrem Flur zu vertreiben.

Genauso erging es der naiven und schüchternen Chantal. Mit gerade mal 18 Jahren ackerte sie erst ein paar Monate bei uns. Ihre etwas mollige Figur und das kindliche Auftreten schienen die Freier magisch anzuziehen. Der Althuren-Meute war es natürlich ein Dorn im Auge, dass die Kunden sich bei Chantal die Türklinke in die Hand gaben, während sie stundenlang auf ihren Hockern hin und her rutschten.

Sie ließen sich daher keine Gelegenheit entgehen, um Chantal eins auszuwischen.

So auch als Günther den Flur betrat, ein geistig etwas zurückgebliebener Beamter vom Ordnungsamt mit einem Monsterschwanz. Günthers Fleischpeitsche war dermaßen riesig, dass er den Mädels damit höllische Schmerzen verursachte. Auf den Fluren war er gefürchtet wie die Syphilis. Sobald Günther auftauchte, wandten sich die Frauen, die ihn schon kannten, ab oder verriegelten die Tür ihres Zimmers von innen.

Er war bekannt dafür, stundenlang mit seinem massigen Gerät in seine Opfer reinzustoßen – und das in einer Geschwindigkeit, wie sie sonst nur eine Nähmaschine schafft.

Statt Chantal vor Günther zu warnen, ließen die Althuren die Kleine einfach ins offene Messer laufen.

Wie immer nach Günthers Besuchen machte ich mir einen Spaß daraus, mich nach dem Wohlbefinden seines »Opfers« zu erkundigen. Anders als die bisherigen Mädchen saß Chantal locker und entspannt auf ihrem Hocker – obwohl Günther ihr Zimmer nach eineinhalb Rammel-Stunden gerade erst verlassen hatte. Auf meine schelmische Frage, ob ihr bei ihrem letzten Gast nichts Ungewöhnliches aufgefallen sei, schaute sie einen Moment gedankenverloren ins Leere, verzog dann ihr Gesicht, als hätte sie gerade in eine

Zitrone gebissen, und antwortete: »Ja, da war schon was, er hat tierische Schweißfüße.«

Eine Kiwi in der Hose

Um neue Gäste zu locken, werben die Bordelle dieser Welt mit den verschiedensten Entertainment-Angeboten. Sei es mit Flatrate-Saufen, -Essen oder -Ficken, mit Gang-Bang-Partys oder mit Swingertreffs. Sehr beliebt sind auch Mottopartys zu bestimmten Gelegenheiten wie Halloween, Ostern und Karneval, bei denen sich die Liebesdamen in aufreizende Kostüme zwängen.

Im Sommer werden Ballermann- oder Strandpartys angepriesen, bei denen die Damen nur einen Hauch von nichts tragen. So auch bei einer Open-Air-Party in einem Kölner Club, bei der die riesige Dachterrasse mit viel Aufwand in eine Strandbar umgestaltet wurde. Von feinstem Sandstrand gesäumte Bambustheken, mächtige Palmen und sexy Damen mit Hula-Hoop-Reifen und buntem Blumengeflecht in den Haaren verliehen der Szenerie einen Hauch von Südsee. In kunterbunten Strandoutfits tummelten sich die zahlreichen Gäste bei angenehmen Sommertemperaturen an den gut ausgestatteten Bars.

An einer dieser Theken lümmelte der schon gut angetrunkene Peter mit seinen drei Freunden. Mit rotem Ha-
waiihemd, blondem Zottelhaar und Seerobben-Schnauzer
sah er aus wie ein Double des Sängers der Kölner Gruppe
Die Höhner.

Bei bester Stimmung jagte ein Kalauer den Nächsten.
Schenkelklopfend machten sich Peter und seine Kumpels
darüber lustig, dass sie an der einzigen Bar gelandet waren,
an der es keinen Alkohol, sondern ausschließlich frisch ge-
presste Säfte gab.

Nun gut, dachte sich der angesoffene und lustige Peter.
Er studierte das reichhaltige Angebot und orderte bei der
barbusigen Dame hinter dem Tresen einen frisch gepress-
ten Kiwisaft – aber bitte im Weizenbierglas.

»Oh, das geht nach hinten los – reiner Kiwisaft läuft
durch wie Öl«, mahnte die Bardame. Einer von Peters
Freunden nickte wissend und beschwor ihn, die Warnung
ernst zu nehmen.

Überheblich winkte Peter ab und orderte seinen halben
Liter Kiwisaft. Als ob er etwas beweisen müsste, setzte er
das Weizenbierglas an und leerte es in einem Zug.

Kaum hatte er es abgestellt, riss er die Augen auf und
fragte die Bardame nervös nach der nächstgelegenen Toilette. Schmunzelnd zeigte sie auf die gegenüberliegende
Seite der Terrasse, dort gelange er zu einem Gang, und nach
zwanzig Metern finde er auf der rechten Seite den Ort seines Begehrens.

Strammen Schrittes marschierte Peter los, aber schon
nach wenigen Metern blieb er in der Mitte der Terrasse
starr stehen. Ein verkrampfter Ruck durchfuhr seinen Körper, als wenn er von einer Kugel in den Rücken getroffen

worden wäre. Fast gleichzeitig färbte sich der Hosenboden seiner sommerlich weißen Leinenhose plötzlich tellerminengroß wie eine braune Fangopackung.

Schokoladenfarbene Streifen liefen an beiden Hosenbeinen herab. Wie er da so stand, in der Mitte der Terrasse, hatte jeder auf der Party perfekte Sicht auf ihn und sein Missgeschick.

Die Anwesenden brauchten ein paar Sekunden, um zu begreifen, was da gerade geschehen war. Dann platzte es fast gleichzeitig aus ihnen heraus. Einige schrien und kreischten, hielten sich gegenseitig fest oder gingen vor Lachen in die Knie. Der Lärm des Gelächters war weit über die Nachbarschaft hinaus zu hören.

Peter riss sich zusammen und verschwand, ohne sich umzusehen, von der Bildfläche. Das tat der Stimmung aber keinen Abbruch, nein im Gegenteil, die gewöhnungsbedürftige Showeinlage lockerte die Party erst so richtig auf, und es wurde bis in die frühen Morgenstunden weitergefeiert.

Rache ist süß

Nach getaner Arbeit besuchten fünf Messebauer unseren Club in der elften Etage. Sie machten es sich direkt in der Lounge gemütlich, tranken zügig eine Flasche Whiskey nach der anderen, während sich einer von ihnen mit seiner auserwählten Dame auf ein Zimmer zurückzog. Kurz darauf erhielt ich in der Zentrale einen Anruf, dass ebendiese Dame nackt auf dem Flur stehe und um Hilfe rufe. Zur Sicherheit nahm ich vier Kollegen als Rückendeckung mit nach oben. Das Mädchen stand nackt und völlig aufgelöst vor ihrem Zimmer und berichtete, was passiert war: Ihr Freier hatte sich auf sie gelegt, sie fast bis zur Ohnmacht gewürgt und ihr dabei abwechselnd ins Gesicht gespuckt und sie geschlagen.

Ich schob sie zur Seite und betrat das Zimmer, in dem der ungepflegte Scheißkerl halb nackt, nur mit seiner Hose bekleidet auf dem Bett saß und sternhagelvoll versuchte, seine Socken anzuziehen. Als immer mehr riesige schlecht gelaunte Gestalten das Zimmer betraten, verfinsterte sich sein Blick.

Einer meiner Kollegen schoss ihm gleich mal eine Faust ins Gesicht. Der Typ rappelte sich wieder auf und winselte um Gnade. Anscheinend hatte er sofort verstanden, worum es ging. Ich trat an ihn heran, beugte mich zu ihm herunter, nahm sein Kinn in meine Hand und fragte höflich: »Du stehst also auf Spucken?« Ich zog alles, was mein Körper gerade an Flüssigkeit entbehren konnte, zusammen und rotzte ihm einen dicken grünen heiermanngroßen Klumpen ins Gesicht. Dabei schaute ich über meine Schulter zum Türrahmen, in dem das geschändete Mädchen stand. Ihr Lächeln verriet mir, dass ihr die Aktion eine gewisse Genugtuung verschaffte. Ich forderte sie auf, es mir gleichzutun und ihn ebenfalls zu erniedrigen. Mit erfreutem Blick trat sie auf mich zu, fragte höflich: »Darf ich wirklich?« und spuckte ihm zaghaft ins Gesicht.

Das war mir aber nicht genug, es sollte ein Exempel statuiert werden. Ich forderte alle Frauen im Club auf, ins Zimmer zu kommen und ihm ins Gesicht zu rotzen. Nachdem sich jede anwesende Frau an ihm vergangen hatte, schleifte ich den miesen Hund zum Aufzug. Auf dem Weg nach unten tropfte es von seinem Gesicht, und demütig und von seinen Kollegen alleine gelassen, stammelte er ein kaum hörbares »tschuldigung«.

Für Recht und Ordnung

Die aktuellen Entwicklungen im Milieu sind nicht ganz einfach, denn durch die EU-Osterweiterung sind es nun die ehemaligen Hütchenspieler aus Rumänien und Bulgarien, die auf Pseudo-Stenz mimen. Ahnungslose junge Mädchen werden aus ihren Provinzdörfern gepflückt, früher wurden sie nach Italien und Spanien verfrachtet, heute geht es nach Österreich, in die Schweiz und nach Deutschland. Immer mit dem Versprechen, in tollen Diskotheken und Clubs als Kellnerin viel Geld verdienen zu können.

In den jeweiligen Ländern angekommen, wird ihnen unter Druck schnell klargemacht, welche Art von Arbeit sie nun wirklich zu verrichten haben.

Mit einer Tasche voll geschmackloser Kleider, einem Pass und keinem Cent Geld, um sich etwas Essen kaufen, geschweige denn die nötige Kaution oder Schleppergebühr an die dubiosen Hintermänner bezahlen zu können, werden die Mädchen in den Bordellen und Saunaclubs abgeliefert. Natürlich ohne sich auch nur mit einem Wort Deutsch verständigen zu können. Meist erhalten sie von Club- und Bordellbesitzern nicht einmal die Grundkenntnisse in Sprache und Umgang des Landes, in dem sie gerade gestrandet sind. Die Mädchen sitzen in den Puffs und lernen Deutsch kostenlos am »lebenden« Gast, während sie anschaffen. Nach einigen Wochen und Monaten können die sprachbegabten Rumäninnen sich meist recht gut verständigen. Oft wechseln sie dann den Puff und machen sich selbstständig. Einige können sich sogar aus ihrer Umklammerung befreien und auslösen.

So erging es auch Valeria, die in Rumänien einige Semester Jura studiert hatte und über dubiose Umwege in Deutschland im Puff gelandet war, wo sie von einem dieser Pseudo-Stenze geschlagen und zum Anschaffen gezwungen wurde. Doch je mehr sie sich im Milieu etabliert und eingelebt hatte, desto sicherer fühlte sie sich. Und schon nach acht Monaten zeigte sie den Typen bei der Schmier an, der auch umgehend in den Knast wanderte. Sie ging sofort zurück in ihre Heimat, zu ihrer Familie und studierte weiter Jura.

Noch ein bisschen anders kam es bei Karolina. Sie löste sich von ihrem Luden und holte ihre gesamte Familie von Polen nach Deutschland, und alle zusammen eröffneten nach sehr kurzer Zeit ein eigenes Bordell. Von da an musste sie nicht mehr die Beine breit machen. Stattdessen wurde sie erfolgreiche Vermieterin und Puffmutter – im zarten Alter von nur 22 Jahren.

Preisverfall und Flatrate-Ficken

Eine interessante Entwicklung der vergangenen Jahre sind auch die immer weiter sinkenden Preise. Zahlreiche Rumäninnen und Bulgarinnen tauchen in der Szene auf und verlangen unverschämt wenig Geld für ihre Dienste. In den meisten Puffs bekommt man derzeit für 50 Euro einen Spitzen-Service geboten, auf dem Straßenstrich gibt es schon für 30 Euro eine entsprechende Dienstleistung, aber auf die Spitze treiben es die sogenannten Flatrate-Puffs. Hier kann man sich für einen Pauschaleintritt, so lange und so oft man will, mit den anwesenden Damen vergnügen. Die Mädchen werden mit einer Pauschale von meist rund 700 Euro in der Woche abgespeist. Dafür müssen sie aber sechs Tage die Woche arbeiten und mindestens 15 bis 20 Freier am Tag bedienen. Manche Mädchen erzählten mir schon von 40 Freiern pro Schicht.

Geizige Freier, welche die typisch deutsche Sparmentalität in die Flatrate-Puffs treibt, werden allerdings gerne auch mal fix über den Tisch gezogen.

So berichtete mir eine Bekannte von einem Sparfuchs, der dachte, er würde auf Flatrate ficken. Nach vier Stunden Spaß mit einer Lustdame musste er jedoch die tatsächliche Zeche zahlen. Das Flatrate-Ficken bezog sich nur auf die erste Stunde, in der er so oft ficken durfte, wie er konnte. Statt bei 50 Euro landete er dann doch schnell bei 200 Euro.

Am besten hält man es wie bei Medikamenten und studiert aufmerksam das »Kleingedruckte«, um unerwünschte Nebenwirkungen auszuschließen.

Vom Müllmann zum Luden – und zurück

Huren haben verschiedene Gründe, warum sie sich für Geld penetrieren lassen. Die einen müssen, weil sie gezwungen werden, die anderen wollen, weil sie von der dicken Kohle träumen. Und dann gibt es auch noch die, die aus Liebe auf dem Straßenstrich oder in den zahlreichen Puffs anschaffen gehen.

Von den Frauen, die gezwungen werden, habe ich schon kurz erzählt. Fast immer hat das organisierte Verbrechen seine Finger im Spiel, und es ist fast unmöglich, den Hintermännern auf die Schliche zu kommen. Die betroffenen Mädchen haben Angst vor ihnen und würden nie bei der Schmier vorbeigehen, um den Schurken eine Lampe an den Hals zu hängen. Sie arbeiten oft in kleinen Clubs, über das Internet oder in irgendwelchen Kaschemmen, und sie wechseln häufig die Stadt. Leider können sie sich nur selten aus der engen und brutalen Umklammerung der Verbrecherbanden befreien.

Bei den Damen, die auf eigene Rechnung arbeiten, muss man sich fast keine Sorgen machen. Zum einen handelt es sich um Frauen, die das schnelle Geld verdienen wollen – zum Beispiel Hausfrauen, die ihr Taschengeld aufbessern, Luxusweiber, die ein glamouröses Leben anstreben, oder Studentinnen, die ihren Lebensunterhalt und ihr Studium finanzieren müssen. Ihnen gegenüber stehen die professionellen Prostituierten, die seit Jahren im Milieu arbeiten und dort auch bis zur Rente schuften werden.

Und dann gibt es noch die Huren, die aus Liebe zu ihrem Luden anschaffen gehen. Sie sind eigentlich immer jung und naiv und blind vor Liebe. Früher oder später kommen sie dem Schmarotzer auf die Schliche. Diese Luden, auch Loverboys genannt, haben meist eine Familie und führen ein schönes Doppelleben in Saus und Braus. Sie schicken oft ein bis fünf Mädchen in den Puff oder auf die Straße und finanzieren so ihre dicken Autos, Urlaube und Uhren oder andere fragwürdige Maggeleien. Jede der Huren bezahlt für ein anderes Hobby dieser Armleuchter der Evolution. Sie mieten dem Mädel ein kleines Apartment, geben ihr von der ganzen Kohle ein kleines Taschengeld, erzählen ihr, wie sehr sie sie lieben und dass sie die einzige Frau in ihrem Leben ist. Sollte das ganze Lügengeflecht mal auffliegen, besorgen sich solche Luden schnell einen neuen weiblichen Sponsor, der die Beine für Kohle breit macht.

Ähnlich trieb es auch ein spezieller Typ, der es weit nach vorne gebracht hatte und im Milieu eine Art Legende ist. Als Müllmann startete er seine Karriere und baute sich nach und nach mit einigen hübschen Frauen, die er gleichzeitig bei Laune hielt, ein florierendes Unternehmen auf. Nach ersten Erfolgen als Lude schmiss er den aufrechten Job als Müllmann hin. Zu Hochzeiten gingen fünf Frauen gleichzeitig für diesen BiFi-Stenz ackern. Ein paar Jahre hielt sein Geflecht aus Lügen und Intrigen stand, bis die ersten Frauen dahinterkamen, für welch miesen Typen sie in all den Jahren ein Vermögen angeschafft hatten. Eine nach der anderen verließ den Emporkömmling, ohne dass er sich auch nur einmal für eine der Frauen starkgemacht hätte. Im Gegenteil, er versuchte durch seine möchtegern-eloquente Art, andere Mädels zu überzeugen, für ihn die Drecksarbeit zu machen. ·

Aber zu spät, im Milieu hatte sich schon rumgesprochen, dass seine falschen Versprechen nicht mehr waren als Seifenblasen, die jederzeit zerplatzen konnten. Letztendlich galt wie so oft: Wer hoch fliegt, fällt auch tief. Heute arbeitet der Superlude wieder als Müllmann und lebt ohne viel Saus und Braus. Manchmal trifft es dann doch den Richtigen.

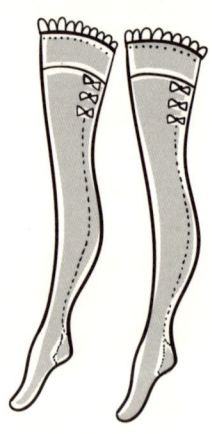

Glossar

24/7 = 24 Stunden täglich, 7 Tage die Woche

Andreaskreuz = Andreaskreuz wie im Straßenverkehr, aber an den Ecken sind Ösen befestigt, an denen die Freier mit Handschellen festgeschnallt werden; speziell in SM-Shops erhältlich

Angeschossen, im angeschossenen Zustand = betrunken sein

Aufnahme = Sperma in den Mund spritzen lassen

Balsch = Bauch/Körper

BiFi-Stenz = Möchtegern-Zuhälter (mit kleinem Penis)

Block, Block schieben = Schulden anhäufen

Blowjob = orale Befriedigung

Darkroom = spärlich beleuchteter Raum für Sexualkontakte, der fast ausschließlich von homosexuellen Männern oder Swingern genutzt wird

Deepthroat = englisch: »tiefer Hals, tiefe Kehle«, ist eine Variante des Oralsex, bei der der Penis gänzlich im Rachen aufgenommen wird

Dildo/Vibrator = Liebesspielzeug, in der Regel in der Form eines Penis, mit und ohne Vibration

Domina = Frau, die gegen Entgelt sadistische und dominante Praktiken anbietet

Einwerfen, etwas = Drogen nehmen

Funke = Funkgerät

Gang-Bang = Sex mehrerer Männer mit einer Frau bzw. einem »Aufnehmenden«

Hardcore = eine explizite Darstellung sexueller Aktivitäten

Heiermann = 5-Mark-Stück

Homo = Homosexueller

Kitzelbude = Kontaktbistro, in dem die Huren auf Freier lauern, die sie abgreifen, bevor die ihren Gang durchs Laufhaus starten können

Koberer = Typen, die auf der Straße versuchen, Freier in einen Club zu locken

Kobergespräche, kobern = geschicktes Anlocken

Kralle = Hand

Ladyboy = thailändischer Homosexueller mit weiblichen Zügen

Lampe = Anzeige bei der Polizei

Laufhaus = Teil des Puffs, in dem die Frauen, vor ihren angemieteten Zimmern auf Barhockern sitzend, auf die Freier warten

Lude = Zuhälter

Lustdame = Prostituierte

maggeln = etwas heimlich handeln, aushandeln

Marschpulver, Koks, Line = Kokain

Möse, Pussy = wird wie Musche, Muschi und Mutze oder ähnliche Bezeichnungen für das weibliche Geschlechtsorgan verwendet

Natursekt = Urin

Pflock, Fleischpeitsche, Schwanz = Penis

Puff = Bordell/Freudenhaus

Puffbrause = Sekt/Champagner

Quickie = schneller Geschlechtsverkehr ohne Vorspiel

Sadomaso = Verschaffung von Lust oder Befriedigung durch die Zufügung oder das Erleben von Schmerz, Macht oder Demütigung; abgekürzt SM

Schabau = Schnaps /Alkohol

Schmier, Schmierpitz = Polizei

Schnapper = Beute

Schwatten = Kölsch für »Schwarzer«

Shemale = Menschen mit Penis und Brüsten

SM-Zimmer = Sadomaso-Zimmer

Sponsor = Freundin bzw. Prostituierte, die einen Mann finanziell mit einem monatlichen Geldbetrag unterstützt

Sucuk = arabische Rohwurst = Penis

Transe = Mann, der sich als Frau verkleidet oder sich sogar teilweise (**Shemale**) oder vollständig zur Frau umoperieren lässt

Er hatte **4888 Frauen!**

224 Seiten
Preis: 16,99 € (D) | 17,50 € (A)
ISBN 978-3-86883-236-5

Michael Zühlke
Christoph Brandhurst

23,5 cm harte Arbeit

Mein Leben als erfolgreichster
deutscher Pornodarsteller

Im Alter von 20 Jahren stand Michael Zühlke zum ersten Mal bei einem Pornodreh vor der Kamera. Seine enorme Potenz, aber auch seine eindrucksvollen 23,5 Zentimeter machten ihn in der Branche und darüber hinaus bekannt. Bis heute hat er als Darsteller und Produzent an über 2300 Filmen mitgewirkt und wurde dafür mit zahlreichen Preisen ausgezeichnet.